时代楷模丛书

妫水河畔的
"环保奶奶"

贺玉凤的故事

海飞 主编　梅瑜 著

四川科学技术出版社

海豚出版社
DOLPHIN BOOKS

CICG　中国国际传播集团

图书在版编目（CIP）数据

妫水河畔的"环保奶奶"贺玉凤的故事 / 梅瑜著 .
成都 : 四川科学技术出版社 ; 北京 : 海豚出版社 ,
2025.4. -- （"时代楷模"丛书 / 海飞主编）.
ISBN 978-7-5727-1768-0

Ⅰ . K828.1

中国国家版本馆 CIP 数据核字第 202576FX95 号

"时代楷模"丛书
"SHIDAI KAIMO" CONGSHU

妫水河畔的"环保奶奶" 贺玉凤的故事
GUISHUI HEPAN DE "HUANBAO NAINAI" HE YUFENG DE GUSHI

海飞 主编 梅瑜 著

出 品 人 程佳月
选题策划 鄢孟君
责任编辑 税萌成
助理编辑 翟博洋
营销编辑 李 卫 刘 成
封面设计 王晓珍
责任出版 欧晓春
出版发行 四川科学技术出版社
　　　　　成都市锦江区三色路 238 号 邮政编码 610023
　　　　　官方微信公众号 sckjcbs
　　　　　传真 028-86361756
成品尺寸 148 mm × 210 mm
印 　 张 5
字 　 数 100 千
印 　 刷 四川华龙印务有限公司
版 　 次 2025 年 4 月第 1 版
印 　 次 2025 年 6 月第 1 次印刷
定 　 价 22.80 元

ISBN 978-7-5727-1768-0

邮 　 购：成都市锦江区三色路 238 号新华之星 A 座 25 层　邮政编码：610023
电 　 话：028-86361770

英雄照亮时代 楷模就在身边

每个时代都有每个时代的英雄。

在炮火纷飞的战争年代，一批又一批的英雄为了中华民族的崛起而抛头颅、洒热血，他们身上体现了中华民族伟大的民族精神和崇高的民族气节。赵一曼、刘胡兰、董存瑞、黄继光、邱少云……这一个个闪光的名字和他们的英勇事迹家喻户晓，值得我们永远铭记。

如今，在我们身边，依然有无数的英雄，他们就是在各自的岗位上无私奉献的"时代楷模"。

"时代楷模"是由中共中央宣传部集中组织宣传的全国重大先进典型，他们的情操健康高尚，事迹厚重感人，影响广泛深远，充分体现了新时代"爱国、敬业、诚信、友善"的价值准则与中华传统美德。他们就像天上的星星，照亮天空，照亮我们这个时代。同时，他们也是普通人，在平凡的岗位上默默坚守，做出了伟大贡献。

为了更好地向中小学生讲述"时代楷模"的感人事迹，激发学生的民族自信心和自豪感，四川科学技术出版社、海豚出版社特此出版"时代楷模"丛书。丛书每册选取一位"时代楷模"（或一个"时代楷模"集体），并邀请国内知名儿童文学作家对其事迹进行文学加工，生动刻画人物形象，以提高中小学生读者的阅读体验。

人生如扣扣子，第一粒扣子扣错了，后边的扣子就会跟着错。万事开头难，难就难在要走好正确的第一步，确定你想扣怎样的人生扣子，你想实现怎样的人生价值。只有第一步走对了，只有第一粒扣子扣对了，你才能走好自己的人生路。

我们希望通过这套丛书，让中小学生走近这些当代英雄，了解他们的先进事迹，树立正确的价值观和远大的人生志向，"扣好人生第一粒扣子"。

四川科学技术出版社、海豚出版社

2024 年 6 月

目 录

引子

"妫水河弯弯穿过原野，

蜂飞蝶舞，鸟语啊花香，

一路风景到天涯……"

　　清晨，当这样的歌声随着微风和晨曦飘散在妫水河边的时候，我就知道，一定是贺玉凤奶奶来了。

　　先做个自我介绍吧！我是妫水河里的一朵浪花。因为我个子小小的，声音小小的，跳跃奔腾的时候，步子也是小小的，所以大家都叫我"小小"。

　　别看我小，我的心却是大大的，对于外面的世界，我知道得很多很多。

　　我可没吹牛哟！知道这么多，除了因为我爱倾听、爱观察外，还因为我有许许多多的好朋友：天上飘浮的云朵儿，岸边伫立的大树和芦苇，南来北往的鸟儿们，还有和我一样的浪花兄弟们！

　　就像人们聚集在一起的时候喜欢谈天说地一样，我和朋友们在一起时，也喜欢说东说西，所以我知道的事儿就慢慢多起来了。当然，作为妫水河里的一朵浪花，妫水河的事儿，我是最清楚不过的了。

妫水河地处北京市延庆区。延庆是首都北京的西北门户，这儿冬冷夏凉，是北京的"夏都"。

妫水河是我们延庆全境最大的河流，它发源于海坨山东麓，横贯延庆盆地，入官厅水库后，汇入永定河，流域面积1 000多平方千米。妫水河是延庆的"母亲河"，延庆也因此被称为"妫川"。

你或许没听说过延庆这个地名，也不知道妫水河这条河流，但你一定听说过2019年在北京举行的"世界园艺博览会"吧！

世界园艺博览会是由国际园艺生产者协会批准举办的国际性园艺展会，是世界上最高级别的专业性国际园艺博览会，简称"世园会"。除了展示各个国家的园艺文化外，世园会还是展现各国科技水平的大舞台，可谓是园艺界的"奥斯卡"。

早前，这一盛会多在欧美发达国家举办。自1999年起，中国成功举办了昆明世园会、沈阳世园会等。2019年，世园会在北京延庆举行。这个历时5个多月的园艺盛会，是展示中国风采的又一窗口！

不仅2019年的世园会在我们延庆举办，2022年的冬季奥林匹克运动会（简称"冬奥会"），延庆也是其中一个重要比赛地区！这下，你对延庆有一个大概了解了吧？作为延庆妫水河里的一朵浪花，我可是无比自豪与骄傲呢！

你也许会问，这些跟前面提到的贺奶奶有什么关系？哎呀，关系可大着呢！不必说贺奶奶从小就在妫水河边长大，是土生土长的"妫水河女儿"；不必说贺奶奶从1996年开始，二十几年如一日地在妫水河边捡垃圾、护环境；更不必说贺奶奶和她的"夕阳传递"环保志愿服务队——单说贺奶奶这二十几年来捡起的垃圾就有35吨，光塑料瓶就有30多万个，是不是就很令人惊叹！

说到贺奶奶，此时此刻，启明星退去，天色渐渐由沉沉的黑色转为淡淡的青白色，河面上漂浮着一层淡淡的雾霭，贺奶奶一手拎着袋子，一手拿着夹子，已经在捡拾岸边的垃圾了。

她时不时地起身捶捶背，活动活动腰，继而再次弯腰开始工作。这么多年，我已经熟悉了她弯曲的身

影，看着她的一头青丝变成满头白霜，已经能够辨认她的脚步声，安静地聆听她的心事——悄悄地跟你说，贺奶奶有件心事，就是想为世园会和冬奥会贡献自己的一份力量呢！

你也许会问，这样一位普普通通、瘦小的老人家，能为这样举世瞩目的盛会贡献什么呢？如果你愿意，我可以为你讲讲贺奶奶的故事，等你听完，你一定就会明白了。

那还得从二十多年前的一个夏天说起……

01

1996 年
念头与行动

（一）

对贺玉凤奶奶来说，1996年夏天的那个早晨，和平常的每个夏天的早晨没有什么不一样。那时候，她还只有38岁，很多人叫她"凤姐"。

这个"凤姐"不像《红楼梦》中的"凤姐"那样喜欢端架子、讲排场，但是，她们还是有一个共同点——做事儿麻利，心里有主意。

贺玉凤家境普通，生活也不是太宽裕。她的爱人彭玉钟是延庆农场的农业技术员，贺玉凤跟着丈夫在农场里工作，什么活儿都干。夫妻俩勤勤恳恳地做事，一心想着能用自己的双手挣出好生活，努力供养两个孩子读书上学。

这一天虽然是星期天，但是贺玉凤还是像往常那样早早起床，做完早饭后，又麻利地收拾了屋里和院子。这是她的习惯。虽然家不大，却被她收拾得井井有条，照她自己的话说是"邋里邋遢，看着不舒服，难受"。

两个儿子起床后咕嘟咕嘟地喝了粥，吃了馒头。大儿子彭霏就搬了小椅子，坐到院子里写作业去了。

小儿子彭跃年龄小，爱学样儿，也端了小椅子，坐到哥哥旁边学写字。

贺玉凤洗好碗，收拾好灶台，正琢磨着接下来是不是要扫扫地时，彭玉钟走了过来。

"走，我们去妫水河边遛个弯儿。"

"大清早的遛什么弯儿？又不是在大城市，可以去公园里散散步，打打太极拳。"贺玉凤回道。

"这你就不知道了吧！"彭玉钟神秘地说，"往后我们这妫水河呀，也是一个大公园了，比城里的公园不知道要大多少倍呢！"

没等贺玉凤再问，彭玉钟又说："哎呀，走吧走吧，去看看！孩子们放暑假，今天又是星期天，好不容易有空，去呼吸呼吸新鲜空气，养养肺！"

贺玉凤"扑哧"一声笑出来。难得丈夫这么有兴致，平常话不多的人，今天说起来一套一套的。不过，贺玉凤倒也想去妫水河边走一走。

一想到这儿，贺玉凤的心情就像坐到了云朵上，飘飘悠悠的，轻快极了，那感觉，就像要去探望一位老友似的欢快。

的确，妫水河就像她的老友一般。

贺玉凤于1958年5月出生在妫水河边的一个小村庄里，从小就在延庆的这条母亲河边长大。嫁给彭玉钟后，因丈夫工作的延庆农场就在妫水河边，她便再也没有离开过妫水河。由于平常要上班，要做家务，要照顾两个孩子，贺玉凤真是很久没有好好地去河边遛弯儿了。

夫妻俩肩并肩走着。彭玉钟手指着河那边，讲述着他和工友们谈论时听来的消息，描绘着即将开工的修路工程，想象着到时候妫水河两岸将会挤满来自四面八方的游客……

彭玉钟兴致勃勃地说着，贺玉凤专心致志地听着。想着自己的家乡今后会迎来那么多客人，贺玉凤心里美滋滋的，简直就像一个孩子，迫不及待地想把装在口袋里的漂亮弹珠掏出来和大家一起分享。

贺玉凤闭着眼睛都仿佛能看到妫水河一年四季的美：

当第一缕春风吹到妫水河边，羞怯怯的杨柳长出一芽芽的嫩绿。星星点点的野花点缀着岸边的草地，在暖暖的春风里摇晃着五颜六色的细嫩身子，齐声唱着一首关于春天的歌曲。

渐渐地，在某一个清晨，嫩绿绿成一片，映到清澈的水流里，随着流水淌啊淌。绿色渐浓，夏天便到来了。妞水河的夏日真是孩子们的天堂。捉鱼、摸虾——孩子们的欢笑声像扬起的水珠一样晶亮飞扬。

秋天有秋天的美好。天空湛蓝，像一块无瑕的蓝宝石。几朵浮云飘飘悠悠。云朵映在妞水河里，就像栽下了大朵大朵的云彩花。即使下雨也好啊，雨点儿滴滴答答地落在水面上，点起一圈圈涟漪，就像一张张圆形的唱片"咿咿呀呀"地唱起。雨疾起来，泠泠作响。妞水河就像一位自由自在的艺术家，在天地间唱着自己的歌谣，也毫不吝惜让别人听到她的歌唱。

当最后一片秋叶飘落到妞水河上，冬天的脚步就近了。水面上常常笼着一层烟雾，苍苍茫茫。

贺玉凤走着，看着，想着，她不时伸手碰一下身旁的矮灌木，或者盯着落在叶子间的蝴蝶不出声，看到狗尾巴草了，便拔下两根做起"胡琴"——那可是儿时玩惯的游戏。贺玉凤的脚步变得越来越轻松，仿佛一路沿着河岸走着，便可以走回到少年、童年时光去！

彭玉钟说着说着，忽然发现旁边没人了。一回头，看到贺玉凤早已落在了后头。他想叫她快点儿，又看到她一副心无旁骛的样子，不禁摇了摇头，"又魔怔了！"他嘀咕了一句。话虽如此，彭玉钟却没去打断贺玉凤，自己朝前走着回家去了。

（二）

彭玉钟到家后半个小时，也不见贺玉凤回来，不禁有点儿担心起来。

"老大，去迎迎你妈，怎么还没回来？"彭玉钟皱着眉头吩咐道。大儿子彭霏不敢违拗父亲的指示，又不想丢下手中的作业，正犹豫着，贺玉凤回来了。

只见她左手拿着两个绿色的玻璃瓶，右手捏着一卷废报纸，废报纸里面鼓鼓囊囊的，不知道塞了什么东西。

小儿子彭跃跳起来，一边问道："妈，您手上拿着什么？"一边欣喜地跑上去想看个究竟。

"别碰，别碰！"贺玉凤赶紧侧过身，挡开小儿子，"什么也没有，一堆垃圾啊！"

"妈，您别骗我了！您和我爸去遛弯儿，遛回来一堆垃圾，谁信啊！"彭跃虽然年纪小，说话可灵巧了。

贺玉凤走到院子墙边，把手里的东西放下。一松手，废报纸里装的东西便露了出来，原来是几个烂鞋底、几块破纸板和几块颜色模糊的橡胶皮！

"真是垃圾啊！"彭跃吐了吐舌头。

"没骗你吧！你妈怎么会骗你？"贺玉凤笑呵呵地说。

大儿子彭霏坐在小桌子边远远地问："妈，您怎么捡一堆垃圾回来？多脏啊！"

贺玉凤把垃圾归拢后，拍拍手上的尘土，一边走去舀水洗手，一边说："这是妫水河边的垃圾，我看着难受，就像自家屋子里扔得乱七八糟的，多糟心！我得捡了才舒坦！"

一直在一边闷声不响的彭玉钟埋怨道："真是！我好心请你去公园里遛弯儿，你倒改成捡垃圾了！"

"这不是一边遛弯儿，一边顺带把垃圾捡了，一举两得，多好！"贺玉凤舀起一勺水，洗起手来。

老大彭霏嘀咕了一声，贺玉凤没听见，老二彭跃伶牙俐齿地说道："妈，哥说您捡就捡了，怎么还捡回家来？"

"我在河边捡了，再扔到路上，不是和没捡一样？"贺玉凤在衣服上抹抹手，说，"快做作业，小脑袋瓜，转得倒挺快。"

大概是听到贺玉凤家叽叽喳喳说得热闹，邻居杨冬梅隔着篱笆探过头来。"说什么呢？这么开心。"杨冬梅问道。

杨冬梅家和贺玉凤家紧挨着，两家之间只隔了一道矮矮的篱笆。两家走得近，男主人都是农场职工，女主人也是好朋友。两家做饭时缺了什么，就隔着篱笆喊一声，你家借我一头蒜，我家拿你一块姜，从来不记在心上。大人有事儿，就把自家的小孩儿托付给邻居，保管孩子比自己在的时候都要听话。

老二彭跃嘴快，把事情一股脑儿说了一通。杨冬梅说："你妈妈这是在学雷锋，做好事呢！"

"啥做好事，顺手的事儿！"贺玉凤说，"河岸边扔着垃圾，看着像自家院里堆得一样邋遢，我看不下去。"

"你呀，就是爱干净。"杨冬梅说。

贺玉凤不好意思地笑了笑，转过话头儿："我们老彭说，马上要修大路了，通到妫水河边。到时候游客一来，看到垃圾那么多，要嫌弃的。"

"那是政府部门要管的事儿，咱不操心。我呀，要操心中午做什么喂家里那两位！"杨冬梅这么一说，彭家的两个孩子也开始询问贺玉凤中午吃什么，关于垃圾的话题便就此中断，只是贺玉凤的心里，似乎有点儿疙疙瘩瘩，仿佛有一只小小的鸟儿落在了她的心上，在那儿蹦来蹦去，叽叽喳喳。那只鸟儿在说着一些什么，贺玉凤还听不清楚，听不明白，但她模模糊糊地觉得，自己一定会渐渐懂得鸟儿说的话。

（三）

自从那个星期天上午出去后，古灵精怪的彭跃发现了妈妈一有空就往外面跑，每次出去，手里还拿两个袋子。

出去时袋子瘪瘪的，回来时却总是鼓鼓囊囊。原来，妈妈在其中一个袋子里装着瓶瓶罐罐，她把瓶子、罐子清理干净了存着，存多了后，就让收废品的拿走；另一个袋子里的垃圾杂七杂八，脏兮兮的，彭跃每次都捂着鼻子和嘴，看着妈妈把那些垃圾处理干净。

"妈，您这又是从妫水河边捡来的？"彭跃问。

"嗯。"贺玉凤一边回答，手里也不停着。她要做家务，要管孩子，还要抽空去河边捡垃圾，如果不麻利点儿，事情实在来不及做。

"妈，您老捡垃圾回来干什么啊？我爸又该不高兴了。"

贺玉凤不禁停下手来，的确，虽然彭玉钟不说，但她体会得到老彭的心理：本来就不大的家，还老捡垃圾回来，算什么事儿！

贺玉凤也跟彭玉钟说过："我一想到河岸边堆着的垃圾，就是不舒服，我有空的时候去捡捡，干净了，看着也敞亮！"

"这妫水河是你家的？"彭玉钟的口气很硬。贺玉凤知道他不开心，便耐着性子劝："不是我家的，是我们大家的。每个人都爱卫生，不乱扔垃圾，看到了捡起来，妫水河就干净了，住在边上的人也舒心了。"

"你有理，你总是有理！"彭玉钟手一挥，"我说你呀，真是咸吃萝卜淡操心！"

贺玉凤有点儿不服气，想要再说，看着彭玉钟脸色黑沉沉的，只好作罢，转身忙别的事儿去了。

这会儿，大儿子彭霏走进院子里，他的脸色也不好。

"妈，我们家是不是很困难？"

贺玉凤一愣："什么？"

"刚刚杨冬梅阿姨问我，是不是我家有什么困难，需要的话就跟她说。"

"没有的事儿！"彭玉钟不知道从哪里冒出来，大声喝道，接着便铁青着脸走进屋去。一定是贺玉凤捡垃圾让人家误以为家里困难，需要捡垃圾、卖废品补贴家用了。

"这叫什么事儿嘛！"彭玉钟心里一肚子火。

（四）

贺玉凤继续每天早晨4点就去妫水河边走一圈，看到有垃圾就捡起来。小儿子彭跃觉得这样有意思，有时候起床看见妈妈不在，就一溜烟跑来找妈妈，帮着妈妈一起捡。他年龄小，个子也小，可是学起妈妈的样子来倒是有模有样，嘴里还叽叽咕咕个不停。贺玉凤开怀了许多。

其实，走在妫水河边，看着清亮的水流静静流淌，看着岸边的草木尖上渐渐结霜，芦苇丛中不时会有一只不知名的鸟儿蹿起，冲向天空，贺玉凤的心情就会不由自主地欢畅起来。

彭跃把一个烂鞋底扔进贺玉凤的袋子里。贺玉凤连忙把它挑出来，扔进另一个袋子里，解释道："不要放在这儿，这种烂鞋底没用了，我要把它烧掉填埋了。这个袋子里放有用的，瓶子、罐子什么的，洗洗还可以用，也可以卖给收废品的，他们有办法。"

"妈，下次我们叫大哥一起来，这儿多好玩啊！"
彭跃一蹦一跳地朝前跑去。

一家四口，至少还有三张赞成票，少数服从多数！
老彭，他反对也没用！贺玉凤心里想着，自己也觉得
好笑起来。她不禁哼起了儿时的歌谣，朝着前方初升
的旭日赶上去。

02

2000 年
误会与偏见

（一）

妫水河静静流淌，时光慢慢流逝。转眼间，21世纪张开怀抱，把人们迎进2000年。

这崭新的日子，令人们兴奋不已。人们争先恐后地攀登到高山上迎接新世纪的曙光。他们憧憬着更加美好的未来，就像积蓄了能量的朝阳，就等着黎明破晓，从东方一跃而起，散发光芒。

2000年元旦那天早晨，贺玉凤赶在7点前做完家务，便匆匆拎起两个编织袋出门了。两个袋子一红一蓝，红的装没用的垃圾，蓝的装收拾收拾还可以再利用或者可以卖给废品收购站的。

从1996年的那个夏天的早上开始，贺玉凤已经习惯了这样的节奏：除了冬季7点出门，其余三季都是4点出发。她卡着这个点是为了赶在上班前做完她要做的事儿——捡垃圾。

有时候贺玉凤自己也很吃惊，就这件小小的事情，自己竟然坚持四年了，想想也挺有成就感。然而，她也知道很多人在背后指指点点，说她是"疯婆子""垃

圾婆";说她"财迷心窍""靠捡垃圾赚钱"——贺玉
凤一开始还解释,后来也就不说什么了。"我没做错什
么,为什么不能做?"她的心里憋着一口气。

通往妫水河的路已经修通了。果然如人们所预料
的那样,来河边游玩的人多了,特别是城里人,每到
节假日就开车来河边,搭了帐篷来晒太阳,架起炉子
来烧烤,孩子们在草滩上放风筝。

妫水河边热闹了,垃圾也是成倍地增长。看到河
岸边、草丛里冒出的各式垃圾,贺玉凤又是气愤,又
是心疼。她真想和那些扔垃圾的人说:"你们尽管来玩
儿,可不要把妫水河弄脏了。这儿以前多干净清洁啊,
我们要好好爱护她!"

元旦,又是晴朗的好天气,一定会有许多游客涌
来。贺玉凤盘算着:饭菜已经焖在锅里了,家人起床
后马上可以吃热乎乎的早饭;家中里里外外也打扫了
一遍;今天不用上班,自己可以在河边多待一会儿,
捡一遍垃圾后,还能再看看有没有遗漏的死角;如
果有人不注意卫生,乱丢、乱扔的,自己还要去劝诫
一番。

太阳渐渐地升起来了，金灿灿的阳光洒在妫水河上，水面上像落满了无数碎金，闪闪烁烁，漂亮极了！贺玉凤看着这番景象，心情也好了起来。

这时候，河岸边的游人开始多了起来，他们都想着赶早来抢占个好位置。他们有的搭起烧烤架烧烤，把各式各样的蔬菜、肉片，裹上一层酱，支在炉子上翻来翻去地烤。贺玉凤没觉得这有什么好的，这不和往家中的炉灶里扔一个红薯、煨一个土豆一样吗？

贺玉凤这样的想法曾引起大儿子彭霏的嘲笑，"妈，您不知道，这是一种时尚，是从国外引进来的，人家把这个叫'BBQ[1]'！"

"比比丘？什么意思？跟打枪的声音似的。"贺玉凤学不来，"没觉得有什么洋气啊！"

小儿子彭跃说道："妈，那叫BBQ，BBQ！您一点儿也不in[2]！"

---

1 BBQ：Barbecue的缩写，意为"烧烤，户外烧烤"。
2 in：此处为"in fashion"的简称，表示"流行"。

这两个孩子说的话，贺玉凤已经听不明白了。

事实上，也就是三四年时间，两个孩子的确长大了，他们有了自己的想法和主张，尤其是小儿子，再不像小时候一样，一心要跟着妈妈一起出门捡垃圾，他甚至已经觉得这是一件丢人的事情，躲得远远的了！

（二）

今天真是一个难得的好天气，微风轻吹，阳光灿烂。贺玉凤弓着身子捡拾杂草丛里的垃圾，背上被晒得暖洋洋的。"我也算是晒着了新世纪的阳光了。"贺玉凤笑呵呵地自言自语。

一阵说笑声从不远处传来，还飘来一阵阵香味。

"这儿真不错，开阔，又有水，方便！"

"对，看我找的地方好吧！"

"那是，那是，奖励你一个鸡翅膀！"

"哈哈哈哈——"

那些人嘻嘻哈哈的声音更响亮了。贺玉凤也不禁被感染了。可是，随着越走越近，贺玉凤听到了一些

"扑""嗒"这样细细碎碎的声音。她直起身子，捶捶背，看到那几个人手里拿着食物，一边津津有味地吃着，一边顺手把鸡骨头、鱼刺等往地上扔，还有的把抹手后的纸巾随手揉成一团就扔在地上。贺玉凤看不下去了。

"小伙子，你们别把垃圾往地上扔啊，不卫生！"

贺玉凤说完好一会儿，没有一个人理她，仿佛她说的话只是吹过的一阵风——在他们眼里，似乎根本不存在这样一个人！

贺玉凤又说了一遍。

这次，其中一个人抬抬眼皮，阴阳怪气地说："你谁呀？管得着吗？"

贺玉凤的倔脾气也上来了："你们别随便扔垃圾，多脏啊！你们在家也这样乱扔吗？"

这句话惹火了那几个人。其中个子最高大那个人跳起来："死老太婆，你谁呀？要饭的垃圾婆，还不快滚，小心我打你！"

要饭的！垃圾婆！

贺玉凤的眼泪猛地冲出眼眶，她使劲儿忍住，不

让眼泪掉下来。

虽然捡垃圾的这几年，她隐约听到过村里人在背后这样叫她，但她一直觉得自己没做错事，干吗去在乎别人的闲言碎语！可是现在，有人当着自己的面，明明白白地把这样的话扔过来的时候，贺玉凤感受到了羞辱！他们看起来也是受过教育的人，怎么会这样？

贺玉凤真想上前好好质问他们一番，又想扔下手里的工具扭头就走，可她忍住了。她慢慢地走过去，当着那些人的面，把地上的碎垃圾捡起来，一样一样、仔仔细细地放进垃圾袋里。

那几个人也没想到贺玉凤会这样做，待了一会儿觉得没趣，几个人嚷嚷着："走，走，换地方！碰上一个疯婆子，扫兴！"

那些人走了。贺玉凤把他们扔下的垃圾捡拾得干干净净，感觉自己就像花掉了全身的力气。

（三）

贺玉凤没想到，自己在外受了气不说，回到家里，等待她的也是一阵狂风暴雨。

当贺玉凤回到家的时候，彭玉钟坐在院子里的小桌旁，铁青着脸，一声不吭。

"咋了？"贺玉凤放下手里的一个袋子，"你不是说去找工友们打牌吗？"

"打牌，打牌！脸都被人家打了，还打什么牌？"彭玉钟跳了起来。

贺玉凤没当回事："咋了这是？喝口水再——"

彭玉钟冲过来，夺过贺玉凤拎在手里的另一个袋子，重重地往外面一扔，大声嚷道："捡捡捡，天天捡破烂儿，知道人家怎么说你的吗？"

"怎么说我？我不偷不抢，就是把河边的垃圾捡起来，看着干净，有什么错？"贺玉凤委屈极了。

"你是村主任还是书记呀？这些事情要你管？你先管好家里的事儿吧！工友们都说，'老彭啊，你家是不是日子过不下去了，要靠贺玉凤捡垃圾过日子？'还有的说，'贺玉凤是不是脑子有问题，天天在妫水河边游来荡去，中邪了吧？'你说说看，丢不丢人？脸都被你丢尽了！丢光了！"

自从贺玉凤捡垃圾以来，彭玉钟也曾不高兴过，那时候不过说几句也就罢了，从来没有像这次这么生气，就连在房间里做作业的两个儿子都跑出来，躲在门边张望。

贺玉凤心里的委屈一下子涌了上来，早上在河边受了陌生人的气，回到家后自己的家人又这样指责自己。贺玉凤刚过了40岁，人说"四十不惑"，可她却觉得迷惑起来。

看到贺玉凤不说话，彭玉钟的声音稍微小了点儿，但依旧很严厉。"以后不许去了，这种丢人现眼的事情，不能干！"

"哪里丢人现眼，哪里做错了？"贺玉凤的倔脾气上来了，她虽然想不明白别人为什么就是不能理解她，但她明明白白、清清楚楚地知道，自己没错！

"觉得没错？行！那就离婚！"彭玉钟怒吼道。

说完，彭玉钟自己也吓住了，没想到自己会脱口而出这样的话，愣了一下。接着他沉默地转过身，气呼呼地摔门出去了。

贺玉凤再也忍不住了，眼泪一滴一滴地掉落下来，砸在泥地上，就像铅块落地，沉重得让人喘不过气来。一直阳光灿烂的天气也变了，日头不知道被哪片云遮住了，冬天的感觉重新回来，风也变冷了。

"妈，快进屋吧，外面太冷了！"大儿子懂事地来拉妈妈，小儿子也急忙跑过来。

贺玉凤抹了一把眼泪，转过身去："妈没事儿，忙完了会进屋。你们快去做作业！"

（四）

两个孩子进屋里去了，贺玉凤还是觉得要把捡来的东西归整一下，不然她心里总挂着事儿。

当她蹲下来正准备收拾时，总觉得周围安静得有点儿奇怪。她转头往四周看看，看到和杨冬梅家隔着的那堵矮墙时，心想：杨冬梅家今天怎么这么安静？

不，贺玉凤回想了一下，自己最近一次和杨冬梅说话，也是好几天前的事儿了。按说他们家应该有人的：晚上都有灯，他们家人走进走出，也看到人影，互相打过招呼——可是像今天这样的事儿，换作平常，杨冬梅肯定过来劝架了——她会不会有什么事儿啊？

贺玉凤赶紧起身，绕过矮墙去敲杨冬梅家的门。

"冬梅，冬梅，你在家吗？"贺玉凤敲了好一会儿，杨冬梅才来开门。

"冬梅，你在家呢，我想着好长时间没和你说说话了，不知道你是不是有事儿——"贺玉凤看到杨冬梅神情淡淡的，不太像她平时的热情样儿，心里更着急了，自责没有帮好邻居分担心事。

杨冬梅依旧淡淡的，她没有把贺玉凤让进屋里去，只是说："我刚才听到你和老彭说话了。我劝你一句，听老彭的话吧，别去做那种事儿了！"

贺玉凤一听，不解地问："我做哪种事儿了？"

"让自己家人丢脸，让外人觉得是在表现，这样的事情算好事儿？"杨冬梅继续说道，"别人不做的事情，你争着抢着去做，你不是爱表现是什么？别人说你是在河边捡到宝了，攒起来卖钱，我就跟他们说这不可能，我眼见你捡来的最多也就是几个瓶子、罐子，卖不了几个钱。可是凤啊，我劝你一句，唾沫星子淹死人，帮你说话的人，也会被指着脊梁骨骂的！"

贺玉凤的头脑里"轰"的一声像炸了雷，她迈着呆呆的步子回到家里。房间里的暖气很足，可是她僵住的身体半天都缓不过劲儿来。

这个上午，她受到了前所未有的质疑和责怪，她真的就像人们所说的，是个疯女人，是个收破烂儿的，是个投机者？

"我真的没有啊！我只想妫水河像从前那样干净明亮，我只想妫水河上方的天空永远蔚蓝，我只是这样想，这样想啊！"

贺玉凤在心里大喊，嘴巴却闭得紧紧的。小儿子彭跃走过来，拉拉贺玉凤的衣袖："妈，您怎么了？"

过了一会儿，贺玉凤缓缓地回道："妈只是在想一件事儿。你说那个什么比比丘？"

"BBQ！"

"对，那个BBQ，虽然看上去是挺时髦的，但是妈今天看到的那几个人，一点儿也不时髦。"

"为什么？"

"他们把吃剩下的骨头啊什么的乱扔，丢在我们妫水河边上，你说，这算什么时髦？时髦也是美吧，可这样的行为，一点儿也不美！"

"对！我也觉得不美。我们的《小学生守则》里说，不能乱扔垃圾，要保护公共卫生。这是每个公民要遵守的美德。他们那样做就是破坏公共卫生！"

看着小儿子一本正经的样子，贺玉凤紧绷的心情竟然渐渐放松下来："对，保护公共卫生，人人有责！人人有责！"她喃喃自语，眼前渐渐明朗起来。

贺玉凤激动地说："谢谢你，儿子，你可帮妈妈解答了大难题！"

彭跃一脸茫然。贺玉凤站起来，大声说："等着，中午给你们包饺子吃，今天可是元旦，是新年呢！"

两个孩子听到了，齐声喊好，他们早就忘了刚才的不愉快，毕竟这是新年的第一天，就该把烦恼忘掉，把快乐记牢，信心满满地去迎接美好的未来！

03

2003 年
理解与包容

（一）

有人说，时间是最好的证明。贺玉凤从未想过要向谁证明什么，她只是依着自己的心意，安安稳稳地过日子，一心一意地做着她觉得要做的事情。

时间之舟划过一道道岁月的波纹，2003年到来了。这一年发生了一件令全国上下闻之色变的大事——"非典[1]"疫情暴发。大家都不敢待在城里了，不敢去人多热闹的地方了，要么躲在家里，要么找人少的地方去。延庆——这个离市中心只有半个多小时车程的地方，成了人们消解烦恼、散心休整的好去处。

每当看到沿着妫水河散步和坐在草地上晒太阳的人们，贺玉凤都不去打扰他们，想着让这些客人放松放松，她就在远远的地方安静地捡拾她的"宝贝"。

人一多，垃圾的的确确也相应地增多了。

从前，贺玉凤捡到的瓶子只有玻璃瓶，慢慢的，各式各样的塑料瓶多了起来，这样的瓶子轻，落在河

---

1 非典：严重急性呼吸综合征，俗称"传染性非典型肺炎"，简称"非典"。

岸边，大风一吹，都往河里面掉。除了瓶子，还有塑料袋，风一大，满天飞扬，真是煞风景。贺玉凤看着心急，只要有空，就到河岸边走一走，把垃圾捡一捡，她想着多捡几次，总归多一分干净。

贺玉凤拿着两个空化肥袋，急匆匆地来到河岸边。劳动节假期刚过，今天要上班了，她得赶在上班前把垃圾捡好，这样才放心。

长年的劳作，也没有任何防护，贺玉凤的双手变得很粗糙，她却从来没有在意过好不好看，她觉得，一双劳动人民的手，就是这样的，这是光荣！

就像每个节假日过后一样，河岸边的垃圾都会多一些，没过一会儿，化肥袋已经装满小半袋了。

看到近处水面上有几个塑料瓶随着水波一荡一荡的，贺玉凤蹲下身子往水里捞。水挺冷的，有风，贺玉凤捞起了两个瓶子，另几个随着水波的荡漾漂浮开去。

"别跑，别跑！"贺玉凤一边自言自语，一边伸手去捞。她都被自己惹笑了，结果手一伸，脚一滑，整个人往前扑去，吓得她"哎哟哎哟"地叫，双手拼命挥舞，却是什么也没抓住，囫囵掉进了水里！

贺玉凤蒙了，吓得差点儿哭出来！幸好那儿近岸边，水还不是很深，贺玉凤挣扎着站起来，艰难地踩着河泥，一步一步爬上了岸。

贺玉凤已经浑身湿透，风一吹，更是冷得打战。这下子是没法儿再做什么了，她收拾起袋子，深一脚浅一脚地跑回家去。

（二）

彭玉钟刚吃好早饭，贺玉凤推门进来了。两个孩子已经吃完饭上学去了，彭玉钟没抬头，他只是有点儿奇怪，往常都是等他要出门的时候，贺玉凤才回来，今天这是怎么了？不过他没抬头，也没吱声，对于贺玉凤捡垃圾这事儿，他已经不想说什么了。

十几年的夫妻，他也知道贺玉凤认准的事儿，十头牛都拉不回来，只是他听到外面的闲言碎语就上火，谁愿意别人说自己的老婆是"垃圾婆"呢！所以夫妻俩少不得经常争吵加冷战。

可是今天总有点儿异样。彭玉钟稍稍抬眼，地上湿漉漉的，贺玉凤回来也是直奔屋里，这是怎么了？

"掉河里了！"彭玉钟被自己的猜测吓了一激灵，不由自主"腾"地站了起来，快步走到门边，"你掉河里了？"

刚巧贺玉凤从屋里出来，身上的湿衣服已经换下，拿在手上，还在"滴滴答答"往地上滴水。

"不小心——"

"你不要命了！"彭玉钟跳起来，"为了捡垃圾命都不要了！你要是真出事了，我们全家怎么办？"

彭玉钟又生气，又心疼，一把夺过贺玉凤手里的湿衣服："还不快去喝一口热粥暖暖！"

说完"噔噔噔"跑进院子里，把湿衣服扔进了洗衣盆里，接着又"噔噔噔"跑回来，掀开锅盖，舀起满满一碗粥，"咚"的一声放在桌上，"快喝，快喝！"

贺玉凤都呆住了，直到彭玉钟把勺子塞进她手里，她才低下头去喝粥。软软滑滑的米粒滑进嘴里，热乎乎的，很快整个人就暖和起来了……

这一天下班回到家，彭玉钟塞给贺玉凤一个长柄的抄网。"拿去！做事情别像不要命一样！"说完"哼"

了一声就转身进房间去了。

贺玉凤看着手里的抄网，又想笑，又想哭，她站在院子里半天，掂了又掂，试了又试。

两个儿子放学回来，一看妈妈手里拿的抄网，小儿子彭跃问："妈，您这是有新式武器了？"贺玉凤笑着说："看，捞河里的垃圾多趁手！"大儿子彭霏说："这叫'工欲善其事，必先利其器'！"

"妈，这是爸给您做的？"彭跃又问。

"嘘！保密！"贺玉凤觉得心情好极了。

（三）

延庆农场隶属于首农集团，1961年建场，很多延庆本地人都进入农场工作，彭玉钟、贺玉凤都是里面的老职工，隔壁的杨冬梅一家也属于同样情况。

贺玉凤每次经过杨冬梅家，总是不由得停下脚步，想招呼杨冬梅一起去上班。从前，她俩都是这样的，一路上说说笑笑，家里的事儿、场里的事儿——两个人就像一起上学的小女生，总有各种各样的话题冒出来，聊着聊着就到场里了。下班时也是你等我或者我等你。可是这样的情景已经许久没有发生了。

贺玉凤都记不清上次她俩一起上班是什么时候了。她站在杨冬梅家院子外面，等了一会儿，里面什么动静也没有，只得离开。

走在路上，贺玉凤一直觉得后面有谁在跟着，不远不近的，像条尾巴。她站住往后看，什么也看不到，她往前走，身后便传来轻微的脚步声。贺玉凤干脆站住，回过头来大声说："谁啊？什么事儿啊？"

"我！是我！"杨冬梅从路边的树丛里闪了出来。

贺玉凤有点儿恍惚："你？你不是不在家吗？"

"你再等一会儿不行啊？我收拾好了刚要出来，你已经走了。"杨冬梅粗声粗气地说道。

贺玉凤扑哧一声笑了出来："你可真是恶人先告状！我可等了好一会儿了！上班都要迟到了！"

杨冬梅也笑了，她赶上来，和贺玉凤并排走着，像从前那样。

"你前几天怎么了？掉河里了？"杨冬梅严肃地问。

贺玉凤吃惊道："你怎么知道？"

　　"我看你回来湿淋淋的，手里拎着编织袋，肯定是又去河边捡垃圾了！"杨冬梅停下脚步，看着贺玉凤，"你不要命啦！唉，说你什么好啊！我，我向你赔不是，以前，以前是我误解你了！"

　　贺玉凤心里的喜悦，像今天这灿烂的春光一样弥漫开来，阳光照得似乎都要令人眩晕了！

　　"我……你……"

　　"什么我呀你呀！"杨冬梅故作生气地打断她，"你呀，以后真的要小心一点儿！今后，我不管别人怎么说你，我可不再怀疑了。这么长时间的坚持，像这样的傻事儿，也只有你会做得出来了！"

　　贺玉凤一把拉住杨冬梅的手，摇了好几下，连说着"谢谢，谢谢"。

　　杨冬梅笑她像个得到一块糖的小孩，贺玉凤说："比吃糖还甜呢！"的确，因为不小心掉进河里，得到了丈夫和好朋友的理解，贺玉凤觉得值了！

　　从那以后，杨冬梅再也没有和贺玉凤闹过别扭，虽然杨冬梅一再说明，她还是无法理解贺玉凤这么多年会一直做同样的傻事儿。贺玉凤也没有再多解释，她相信，杨冬梅和她一样，都相信这份友谊的牢固，相信朋友会一直站在自己这边！

（四）

长期弯腰劳作引发腰肌劳损，贺玉凤忍了几天，越来越觉着不方便。彭玉钟催着她去医院看看，但贺玉凤又拖了几天。最后难受得没办法，只得去了。

贺玉凤挂了号，坐在候诊区等着叫号。

大概是忙碌惯了，这样无所事事地坐着令贺玉凤很不自在，她这里看看，那里瞧瞧，要不是真的不太舒服，她都想回去了。

毕竟闲不住，贺玉凤坐下没多久，就已经给三个陌生人指了路。

贺玉凤的热心引起了旁边一位老太太的注意。她一直笑眯眯地看着贺玉凤。等到贺玉凤空下来时，老人主动和贺玉凤攀谈起来。当知道贺玉凤就住在妫水河边，在延庆农场上班的时候，老人更觉得亲切了。

"我以前多次到过延庆农场，延庆的山清水秀给我留下了深刻印象。要不是这次行程紧凑，我倒还挺想再去瞧瞧妫水河。"

原来这位老太太是清华大学的退休老教授，这几天在延庆和老同学聚会，带的高血压药吃完了，到医院里来配一些。

贺玉凤听到别人夸妫水河，夸延庆，就像夸她自己一样高兴。

"我听说现在妫水河边游客多了，这样一来，环境保护势必要引起重视。"老教授说。

"您是说不要乱丢垃圾？"贺玉凤问。

"是，这也是环境保护的其中一项，很基础，也很重要。"老教授回答。

看到贺玉凤感兴趣的样子，老教授也乐意多讲一些。她说了环境保护的重要性，说了环境保护一旦不力会引发的后果，这些是贺玉凤闻所未闻的。她津津有味地听着，听不懂的地方就立即提出来，像一位求知若渴的学生。谁也不会想到，一位年过四十的普通妇女和一位满头白发的退休老教授，在普普通通的地方医院走廊里，聊着一个关乎世界的宏伟话题。

老教授说起她到日本交流访问时的感受,"我到了日本,发现最大的困难不是语言交流,不是饮食习惯,不是交通问题,而是扔垃圾!"

"扔垃圾?"贺玉凤不相信,扔个垃圾还有什么难的?

老教授解释道:"日本是世界上垃圾分类做得最彻底的国家之一。他们把垃圾分成可燃垃圾、不可燃垃圾等几大类,一周七天,每天都有规定,比如星期一和星期四8点前扔不可燃垃圾,星期六早上8点前扔废弃的报纸、杂志等。他们使用完的瓶瓶罐罐,要把盖子拧下来,瓶子内外清洗干净,放进相应的垃圾袋里,等到固定时间,垃圾回收站的工作人员才会来收走。"

"这么麻烦哪!"贺玉凤感叹。

"我说的只是其中很小的一部分,他们对于垃圾分类的管控非常值得我们学习。我想,虽然我们国家现在还没有开始实行,但在不远的将来,一定也会有相应的政策出台。到那时候,我们国家的天会更蓝,水会更清,你们这儿的妫水河、海坨山,一定会迎来更多的远方宾客!"

与老教授之间短短的一席交谈,令贺玉凤心潮澎

湃。她在心里一遍遍地咀嚼老教授说的那些话，垃圾分类、环境保护——自己在做的小小事情，原来可以和那么大的理论联系在一起；自己在做的小小的举动，原来有那么大的作用！

老教授的话更给贺玉凤带来了极大的鼓舞。"要是有更多的人和我一起捡垃圾，人多力量大，作用不是更大吗？"贺玉凤想着。因为想得太过专注和投入，贺玉凤连护士叫号了好几次才听到，差点儿错过了看医生！

04

2011 年
同伴与鼓励

（一）

2011年，贺玉凤53岁。两个孩子已经工作了，她也从最早的"凤姐"，不知不觉到了被称为"奶奶"的阶段。只是这个"奶奶"前面还经常被加上一个前缀——"垃圾"。

"垃圾奶奶"，这名字听起来仿佛就可以闻到一股不太好的气味，不论是彭玉钟、彭霏、彭跃，还是杨冬梅，都为她打抱不平。贺玉凤倒一点儿也不在意，说道："以前人家还叫我'疯婆子''捡破烂儿的'，比起来，'垃圾奶奶'好听多了！"

这一年，"环保"这一理念愈来愈受到重视，各级政府和部门也积极倡导大家携起手来，保护绿色家园。延庆电视台举办了"生态文明大家拍"DV新闻作品大赛，贺玉凤让儿子给她买了一台小数码相机，准备拍拍周围的环保新闻。另外，她的心里还有一个盘算——她打算做一次"侦探"！

贺玉凤家所在的延庆农场不归延庆区管理，所以垃圾处理由农场自行负责。除了农场产生的垃圾，旁边村子里的垃圾也经常往农场的垃圾池里倒。虽然农场也配备了几名环卫人员，但是清理的速度赶不上倒入的速度，农场一度成了"垃圾集中地"，里面的居民怨声载道。特别是住在垃圾池附近的居民，更是满腹牢骚。因为没有垃圾回收车在固定时间来清理，那儿的垃圾只能就地焚烧。然而，垃圾常常没有被及时焚烧，天气炎热时或遇到大风天，臭气熏天、垃圾满天飞的状况时有发生，垃圾池附近那条路，更是常常变得像条"垃圾路"！

但是最近一段时间，那条路的状况有所改善，垃圾焚烧的频率也高了起来，似乎有人在清理垃圾池。其他人对这件事儿并不太在意，贺玉凤却很敏感，她想趁着"拍新闻"这个机会，把那个做好事儿的人找出来！

贺玉凤早起惯了，天还黑蒙蒙的，她就出了门。街边的路灯排着整齐的队伍，洒下一列橘色的光。

贺玉凤径直往垃圾池那条路走去。她走得很急，空无一人的路上回响着她急促的脚步声。远远地，她看到垃圾池边的路上有个人影在晃动。走近时，贺玉凤终于看清了:"哎呀,是你呀!"

那人没留神后面有人来了,吃了一惊,路上很多泥泞,要不是用扫帚撑住了身子,就要滑倒了。

"贺玉凤!你来干什么?吓我一跳!"那人转头看清来人,没好气地说。

贺玉凤却毫不介意对方的埋怨,她为自己终于找到好心人而高兴不已。

"老卓,原来做好事儿不留名的是你呀!"

"什么做好事儿!快别这么说。"被称作老卓的卓林根竟然不好意思起来。

原来,这个卓林根也是农场工人,和贺玉凤他们都认识,不久前刚从别处搬来,现在的住处离贺玉凤家只有几百米。

贺玉凤拿出数码相机,准备把卓林根拍下来。卓林根连忙摆手道:"别拍别拍!这么一点儿小事儿,你还到处去宣传哪?"

"老卓,这是好事儿,为什么不让别人知道?"

"这算什么好事儿?举手之劳而已。"卓林根说,"我们的家就在这儿,门前屋后到处是垃圾,算个什么事儿？我能做的就做一点儿，但是千万不要让别人知道。我要是想让别人感谢我，我就不会在这个时候出来了！我要是想让别人夸我，那就是自私，就不是我的初衷了！"

卓林根的一番话说到了贺玉凤的心坎儿里。这么多年来，自己在妫水河边捡垃圾，能够忍受别人的白眼和不解，不就是因为无愧于心嘛！

贺玉凤把数码相机放进口袋里，拿起卓林根放在边上的铲子，也帮着干起来。卓林根不让，贺玉凤说："搭把手的事儿，一起干，完成得快！"

卓林根对贺玉凤的倔脾气有所耳闻，便不再勉强。他们一边扫地、清理垃圾，一边说着话。卓林根说贺玉凤天天捡垃圾，她应该拍拍自己的事儿。贺玉凤说自己做的算什么事儿啊，那也是举手之劳。

卓林根听了，哈哈笑起来。

"你看你还要说我，你自己不也这样。我想啊，我们做我们觉得对的事儿，这就成了。我只是希望有更多的人参与进来，人多力量大，如果大家一起努力，妫水河、延庆农场，一定会保持得干干净净、清

清爽爽！"

言者无心，听者有意。贺玉凤觉得这是个好主意，只是她那时还不知道该怎么做。事实上，在不久的将来，贺玉凤真的做到了！如果当时的她知道这个想法能实现，一定会觉得不可思议吧！

（二）

大儿子彭霏现在是一名小学教师，常年在外，偶尔回家，看到妈妈还是十几年如一日地出去捡垃圾，家里的小空屋里堆着满满当当的瓶瓶罐罐，就感到一阵阵心酸。

"妈，您卖这些瓶瓶罐罐，一个月挣多少钱啊？"

"二三十块吧！"贺玉凤回答。

"我以后一个月多给您三百块钱，不要去捡垃圾了。"彭霏皱着眉头说，"您都五十几岁的人了，我和弟弟都上班挣钱，养着您和爸完全没有问题。"

贺玉凤立刻回道："是，你可以毫不费力地多拿出三百块钱给我养老，可你拿出的三百块，可以买来妙水河的清、延庆的蓝、海坨山的绿吗?"

彭霏一时语塞。

贺玉凤说:"我知道你心疼妈,但是妈捡了这么多年垃圾,自己清楚。咱不是为了钱,咱是图个心安。你不知道,每次去妫水河边走走,捡起垃圾,收拾整理,我的心情也会好起来。谁不爱干干净净的地方呢!"

"妈,您说得有理,可您毕竟是这个年纪的人了,别做了!"彭霏执拗地想说服他妈妈。

彭玉钟摆摆手:"儿子,别说了,你妈的性子你又不是不知道。"

彭霏没想到父亲也不帮着自己说话,气鼓鼓的,午饭都没吃就回自己家了。

刚进门,彭霏的儿子彭小川就"咚咚咚"跑过来,拉着彭霏的手,奶声奶气地说:"爸爸,爸爸,您来瞧瞧我收集的垃圾,已经整理干净了。"

彭小川小时候由奶奶带,奶奶整理的那一套,他全看在眼里,记在心上。要上小学了,彭小川回到父母身边,奶奶的习惯也跟着他回来,并且一直影响着他。

　　"00后"的孩子，物质条件相对比较好，对日常物品，他们可能会不太在意。彭小川却从不舍得浪费，对各种物品特别爱惜。家里要丢掉的垃圾，他都会说一句："看看还能不能用了？"这种明显就是学大人腔调的话语，常常令彭霏夫妻俩忍俊不禁。

　　就在不久前，彭霏一家三口去北戴河旅游。彭小川随身带着两个垃圾袋，坐在列车上也不闲着，在车厢里来来回回地寻找。乘务员问他："小朋友，你在干什么呢？"彭小川天真地回答："阿姨，我看看有没有垃圾需要收！"一趟旅程下来，车厢上的乘务员都认识这个小小环保人士了！

　　回来后，彭小川说要把垃圾进行分类整理。现在他果然做到了，没用的装进袋子扔进垃圾桶，能再次利用的如纸板、纸盒，展开铺平，整整齐齐地摞在一起，用绳子扎好，放在阳台角落里。"爸，您帮我看看小区里有没有收废品的，等我攒得多一点儿了，就把它们卖了，收来的钱可以放进我的储蓄罐里！"

　　彭霏大笑起来："好啊！彭小川，我没想到你是一个小财迷呢！"

彭小川一本正经地回答："我可不是财迷！这是为垃圾找到变废为宝的办法！"

彭霏没想到彭小川会这样回答。其实，彭小川平时也会说一些让他出乎意料的话，但这一次，他若有所思地低下头：彭小川说的话，他自己可能也只是一知半解，可他的这种举动，却让大人们觉得可爱，觉得是好事儿。那么，自己的妈妈做的事儿呢？难道不是好事儿？既然同样是好事儿，为什么自己可以接受孩子的，却不能接受妈妈的？

彭霏想了许久，最后，他给彭小川的"作品"拍了一张照片，用彩信发给妈妈，并且附上了一句话：妈，我支持您！

（三）

贺玉凤没想到会接到那样一个电话。

起初她以为对方打错了，等到对方说出她的姓名，说到她一直在做的"捡垃圾"的事儿，她又以为对方是跟她开玩笑的。直到对方在电话里约好了时间，挂掉电话后，贺玉凤还是怔怔的。她不相信那是事实——电话里那人说，他们是延庆电视台的，要来采访自己！

"电视台要来采访？就为了捡垃圾的事儿？不可能吧？"彭玉钟也不相信，"多大点儿事儿啊，咋还能上电视了？"

电视台的人如约而至。他们扛着摄像机，拿着话筒，忙忙碌碌地在贺玉凤家的小院子里准备着。

贺玉凤和彭玉钟给工作人员端茶倒水，邻居们听说电视台来采访，纷纷过来观看。整个农场的人都在传，延庆电视台来采访贺玉凤了，就是那个"垃圾奶奶"！

贺玉凤一再和电视台的人说："你们不要拍我了，我是捡破烂儿的，别人都瞧不起我，你们怎么还要拍我呢？"

"贺大姐，还有谁像您这样十几年如一日地做同样一件事儿啊！"

"谁瞧不起您？最起码我们这些人不是！"

"贺大姐，您看坐这儿可以吗？"

一群年轻人一边准备，一边和贺玉凤说着话。

贺玉凤听呆了，手都不知道往哪里放。彭玉钟也不知道怎么办，只是一个劲儿地给工作人员添水，招呼他们休息一下。

纯朴的夫妻俩在面对这样从未见过的阵势时，不会任何客套，没有任何假装，只有用他们最为本能的发自内心的方式面对来自外界的热情与热心！

采访的内容很简单，就是让贺玉凤讲讲她平时是怎么做的。

毕竟是第一次面对采访镜头，贺玉凤紧张得呼吸都困难，要不是工作人员在一旁不停地鼓励，她都要起身"逃走"了。

慢慢地，贺玉凤镇定下来，毕竟是说她自己做过的事情啊！一边讲，一边回想，贺玉凤的心情变得愉悦起来。

这十几年的经历恍如电影，在她的脑海中交织呈现。辛酸与甘甜，一次次涌上心头。贺玉凤微笑着平静地叙述着，可是她的心里已如惊涛骇浪，翻涌澎湃！

电视采访播出后，整个延庆都知道了这样一位捡垃圾的贺奶奶，农场更是沸腾起来。

人们都在说，那个疯疯癫癫的"垃圾奶奶"原来是在做好事儿呢！"她做的是环保！"有人纠正。

每个见到贺玉凤的人都朝着她微笑，朝着她竖大拇指，小孩子们甚至会跑过来说："垃圾奶奶，下次我们帮您一起捡垃圾、护环境！"听得贺玉凤哭笑不得！

这突如其来的称赞与认同令贺玉凤应接不暇，又觉得难为情："我只是一个普通人，做了一件普通事儿，大家怎么这样夸奖我啊？"贺玉凤都不敢出门了，她甚至巴不得像从前那样，人们不理解她，无视她，她可以安安静静地做自己要做的事儿。

这时，杨冬梅突然跑过来，使劲儿敲门。贺玉凤打开门后，杨冬梅一把拉住贺玉凤的手就要往屋外跑。

"干啥？"贺玉凤不知道杨冬梅葫芦里卖的什么药。

杨冬梅说："出去！跟我出去！我就知道你这人，人家说你不好的时候，你一股劲儿憋着，偏偏和别人对着来；现在大家知道你的好了，你又不敢了，像自己做错什么事儿似的！"

贺玉凤乐了。不愧是十几年的老邻居、好朋友——杨冬梅把她的性子摸得一清二楚。

"我说冬梅，我真觉得臊得慌，你说我这做的那么微小的事儿，这么大张旗鼓的夸赞，我真是受不起！"

"我说你呀，"杨冬梅说，"真是被我说中了。我就知道你这几天门关得紧紧的，是为了啥呢！我跟你说，你也不想想，大家理解你了，明白你了，你以后做事情不是更顺畅？说不定还有别的收获呢！那什么，'一个篱笆三个桩，一个好汉三个帮'，你这好事儿啊，说不定会有更多的人参与进来，你说有多好！"

经杨冬梅这一说，贺玉凤也觉得有道理。要是有更多的人参与进来，共同守护妫水河、海坨山，那不是更好吗？贺玉凤想着，快步走向院子，拎起袋子准备往外走。杨冬梅站在檐下，假装生气地说："瞧瞧这人，连客人都不招待了！"说着，"扑哧"笑出了声。

05

2014 年
志愿与传承

（一）

妫水河、海坨山，除了这两样有名的山水外，延庆还有一个举世闻名的古迹——八达岭长城！

明长城的"八达岭"段被称作"玉关天堑"，为明代居庸关的八景之一，也是明长城最早向游人开放的部分，每年都吸引着世界各地成千上万的人们慕名前往游览。

贺玉凤却从未去过八达岭长城！

"妈，您一直特自豪地说自己是土生土长的延庆人，可是您却从来没去过八达岭长城？"小儿子彭跃的口气里充满怀疑，"您是不是记错了？"

彭跃现在是公园里的一名园艺师。

自小生长在有山有水的环境里，彭跃的骨子里对自然充满感情。妫水河边美丽的自然风光给予了他灵感与才气，母亲对自然的敬畏与爱护对他产生了潜移默化的影响。彭跃毕业后，义无反顾地选择了园艺事业。虽然已经长大成家，彭跃的性子依然像小时候一样，爱玩爱笑，透着一股纯真。

"真没记错。"贺玉凤笑着说，"有一次倒是说要去的，农场里组织去那搞活动，结果我一忙起来就给忘了。等我赶到集合地，人家早都出发了。后来嘛，也想着要去，结果因为这个事儿、那个事儿，就给耽搁了。"

彭跃马上给哥哥彭霏打电话，两兄弟约好了，"五一"假期马上来了，到时候带妈妈去八达岭长城玩儿。贺玉凤笑眯眯地同意了。

八达岭长城景区大概是全北京——不，全中国最热门的景点之一了。不仅是中国人，大部分到中国来的外国人，最心仪的游览地点也一定是这儿。刚好又赶上难得的"五一"长假，等到贺玉凤一家赶到景区的时候，虽然时间尚早，游客已然有成山成海之势。

"妈，您可跟紧我们，这儿人多，不要走散了！"大儿子彭霏叮嘱道。

"老爸，我会看好奶奶，决不让她走丢了！"彭小川自告奋勇。

贺玉凤笑着说："好啊，大孙子，奶奶就靠你了！"祖孙俩手拉着手，一起跟在家人身后走着。

可是没过一会儿，彭霏就发现祖孙俩不见了！

"我们在这儿等会儿，他们走不快，可能落在后面了！"彭跃建议。

彭玉钟站在一边没吭声，过了一会儿，他闷声闷气地说："别等了，一定是又在捡宝贝了！"

彭霏和彭跃刚想说"爸，您别瞎猜了"，大儿媳妇说："我猜爸说得没错，要不我们回去找找他们吧！"

说话间，贺玉凤和彭小川手拉着手，一路小跑过来。彭小川还兴奋地举着手里的编织袋高声喊："看，我们的战利品！"

几个人面面相觑。彭跃抱怨道："妈，您说好不容易出来玩儿一趟，您怎么又捡上垃圾了！"

贺玉凤不好意思地说："我看到地面上有垃圾，心里不舒服。你看这儿游客那么多，五湖四海的，都冲着咱们这儿景好、景美来的。路上扔满垃圾，多影响景区容貌，人家看到以后就不来了。"

"妈，那不是有环卫工人吗？"彭跃不服气。

"环卫工人忙着呢，这么大的地方，他们有时候也顾不过来。我能搭把手就搭把手，他们还省力一点儿。"贺玉凤继续笑呵呵地说。

彭跃做出无可奈何的表情，扶住他哥彭霏的肩头："哥，求助，求助！我可说不通了！"

彭霏拍拍他弟弟的手说："既然如此，那我们不如就和妈妈一起捡垃圾吧！"

大哥发话，没有人不同意，更何况，母亲贺玉凤、父亲彭玉钟的脸上，笑得像绽开了花似的！出来玩儿，不就想让二老开心吗？既然如此，玩儿什么就不重要了，重要的是怎么玩儿才有意义，才让家人满意。

一家人沿路往上走，来到一处平台就停下来，看看有没有垃圾要捡，有就蹲下来捡拾，没有就略过。

一开始，彭霏和彭跃还真有点儿不好意思。哥儿俩尽量蹲得低低的，侧过身，不让脸朝向游人，生怕被熟人看到。贺玉凤夫妇和两个儿媳妇、小孙子却毫不在意，他们一边忙碌着，一边说笑，看起来就像来游玩的。

"哥，你瞧爸妈他们！"彭跃提醒彭霏。

彭霏看了一会儿，想了想说道："咱俩还真比不上他们。你记得吗？小时候，你还帮妈去捡垃圾，后来就不去了。有一次，你还哭着从学校回来，因为同学们都说咱妈是'垃圾婆'。这样的话我也听到过，只不过我比你大，同学们不会当着我的面这样说，可我当时的心情啊，不比你好到哪里去。当时我有多恨咱妈啊！"

"是啊，是啊。"彭跃一个劲儿地点头，"的确是这样的。说起来，我可真佩服咱妈，你看咱俩都长这么大了，都成家了，她还在坚持做这件事儿——哥，我有一种感觉，我觉得咱妈很伟大啊！"

彭霏不由自主地站了起来，他目不转睛地看着不远处的妈妈——这个瘦小却利落干练的女人，心中油然而生一种自豪感。

站在这人来人往的长城上，妈妈似乎也变得高大起来！

"没错，我们的妈妈，的确很伟大！"彭霏在心里默默地回应自己的弟弟。

　　贺玉凤可没想到那哥儿俩的心理活动，她只顾一门心思地做着事儿。

　　身旁不时有行人路过，他们有的目不斜视地匆匆而过，大概认为这几个就是普通的环卫工人。有的会稍作停留，怀疑地问一句："咦，这些人在干吗？好像不是工作人员哪！"还有几个人停下来，看了一会儿后说："是志愿者活动吧？真棒！"甚至还有一个外国人朝着贺玉凤跷了跷大拇指，贺玉凤不知道怎么回应他，只是笑了笑，心里想：这有什么了不起的，还要跷个大拇指！

（二）

　　从八达岭长城回来已经是傍晚时分，大家都感到很疲惫，心情却又十分愉悦。

　　彭霏把今天的"战利品"拍了照片，一家人争抢着看，发出惊讶的感叹。

　　"没想到会有那么多垃圾啊！"

　　"是啊，真是没想到。环卫工人真辛苦，即使不停地工作，垃圾也会持续产生，他们不一定来得及清理！"

"所以我觉得咱妈真伟大！"

贺玉凤听着，连连摆手："瞎说，瞎说，这跟伟大怎么可能沾上边儿！"

彭霏把手机举到贺玉凤面前，郑重其事地说道："妈，您自己看看，咱们今天捡了这么一大包垃圾！如果每个人都可以做一些随手之举，我们周围的环境一定会保持得更加整洁，来咱们这儿旅游的人也一定会越来越多！"

"是啊，好东西就是要一起分享，好风景也是这样。"彭跃接上话头。

"奶奶，您可以把这些照片发到朋友圈里去！"彭小川坐上奶奶的膝头，仰着脸说。

"我倒是有个微信，也有一些老朋友，可从来不发啥朋友圈。"贺玉凤认为这样的新鲜玩意儿，跟自己没什么关系。

"没错！"彭跃兴奋地喊道，"有微信，我们为什么不用一用呢？妈，我来教您怎么发朋友圈。"

贺玉凤乐呵呵地同意了："好啊，学一学，有益健康！"

于是，贺玉凤在孩子们手把手的教授下，编辑了一条朋友圈。

"劳动节，我们在八达岭长城捡垃圾。孩子们说，咱家把'八达岭一日游'玩儿成了'八达岭一日捡'！看看这些捡来的垃圾，还是挺有成就感的！"

一段话后，配了照片，照片中是八达岭长城上游人如织的景象，还有几个弓着背捡垃圾的身影。

"奶奶，现在点一个'发表'就可以了！"彭小川像个小老师一样说道。

贺玉凤说："好嘞！"

发完朋友圈，贺玉凤就忙着去做饭了，把什么"朋友圈"抛到了九霄云外。

等到晚上临睡前，彭小川说要看看奶奶发的"朋友圈"有什么反馈的时候，大家才发现，贺玉凤的朋友圈已经被点赞和评论淹没了！

"太有意义了！"

"一大家子的集体活动，赞一个！"

"下次叫上我们哪！"

"算我一个，千万别落下了！"

……

孩子们都凑过来看，彭小川还把评论一条一条地读出来。彭玉钟不敢相信地说："他们都是开玩笑的吧？"

彭霏和彭跃也认为大家只是起哄罢了。大儿媳妇却有不同想法："你们不要以自己的想法猜别人的想法，说不定，大家真的想加入，只是没有一个组织者罢了。"

"也是啊！"彭跃说，"嫂子说得对，那干脆，妈，您再发个朋友圈，就说明天咱们还去八达岭长城捡垃圾。只要报名人数超过10个，我免费给大家当车夫，还包餐饮！"

贺玉凤觉得这样不好，彭霏却说："妈，没事儿。反正我们明天还是休息，如果没有别人参加，我们一大家子再去捡垃圾，给延庆长脸！"

于是，又一条朋友圈发出去了。反馈结果是：一共有18个人报名！更多的人则表示，自己明天有安排，但下次一定要参加！

"妈，您不是一个人在战斗！"彭跃激动得像个小孩。贺玉凤也很激动。

（三）

第二天早上，她按平常的习惯，不到4点钟就起床，先去妫水河边捡垃圾。

清晨的妫水河安安静静的，就像一个还在沉睡中的婴儿。渐渐地，朝阳从东方露出红扑扑的脸蛋儿，把亮闪闪的碎金子，一把一把地撒到天地间，撒进河水里。

水鸟醒了，芦苇醒了，风也醒了，它们推推搡搡、挤挤闹闹；水声响了，鸟儿鸣唱，风在空中跳起轻盈的舞步——贺玉凤抬着头，痴痴地看着，她觉得这样的美景，怎么样也看不够。贺玉凤想起一句歌词来："谁不说俺家乡好！"此情此景，这句歌词就是她的心声。

由于今天和大伙儿有约，贺玉凤按惯常的路线走了一圈，把看到的垃圾一个不落地都捡了起来，之后便急匆匆地往家赶。

走过蔡家河桥下，正是旭日完全升起的时候，阳光仿佛一根根金线穿过桥洞，使得整条河水都被镀上了一层金色，穿上了一件华衣。

这样的情景她经常看到，每次都舍不得挪开脚步。手机里定的闹钟响了，她才依依不舍地加快脚步，临走还不忘摘下一棵"婆婆丁"——也就是蒲公英，就像从小就玩儿的那样，"呼呼"地吹了几口，才心满意足地回去了。

没想到家中的院子里已经挤满了人。除了杨冬梅、卓林根这样的老朋友，还有老朋友带来的新朋友，他们有的已经退休，有的还在上小学，一个个都表示要过一个有意义的"劳动节"。

彭跃言出必行，找来车把大家带到了八达岭脚下。大家一致推选贺玉凤为"队长"，要让她划场地，定时间。因为都是邻里邻舍，贺玉凤也不客气了，就给划了场地，定了时间，之后大家就各自忙碌起来。

因为目标明确，大家进行了地毯式的搜查，带来的化肥袋、编织袋，很快就变得鼓鼓囊囊。

杨冬梅觉得真是不可思议："站在入口处瞧，到处都干干净净的啊，谁想着进来到跟前一看，矿泉水瓶子、餐巾纸、塑料袋、口香糖……真是啥垃圾都有！"

卓林根显得挺有成就感，因为他的袋子最鼓。"贺玉凤啊，你这活动安排得好。下次再有这样的想法，记得再叫上我！"众人纷纷表示今后也要继续参加。

贺玉凤满口回道："好！一言为定！"

就在大家准备打道回府的时候，彭跃发现侄子彭小川不见了。众人的心都悬了起来。

"快，快，大家分头到各处去找找！"几个年龄大一点儿的队友吓坏了。这儿是大景区，人来人往，要是走丢了可就麻烦了！

贺玉凤也慌了，彭霏安慰她："妈，放心吧，小川不是那种会随便跟别人走的孩子。说不定在什么角落里捡垃圾，忘了时间了。"

话虽如此，彭霏和贺玉凤还是急匆匆地到各处去找，而此时，彭小川和一个外国小孩儿站在墙角，正聊得热火朝天呢！

彭小川会几句英语，外国小孩儿只会几句中文，但这样的语言不通并不妨碍他俩的交流。

"你是来做志愿者的吗？"金发碧眼的小男孩连说带比画。

彭小川则是连蒙带猜："我们来捡垃圾，为环保出力！"

"真不错！志愿者是非常伟大的一群人，在我们国家，也有很多志愿者。"

"是啊，是啊，我们有很多人呢。有我的爷爷奶奶，还有邻居，还有和我一般大的孩子。"

"对对，就像我们那儿的'扶轮社'，里面也有很多爷爷奶奶辈儿的人，他们虽然是各种职业，却都有一个共同的目标……"

两个孩子热火朝天地说了老半天，最后依依不舍地告别。彭小川一看手表——呀，都过了集合时间了！他连跑带蹿地回到集合地，才发现大家都在找他，几个爷爷奶奶吓得脸都白了。

彭小川不好意思地把情况解释了一遍，接着兴奋不已地和彭霏说道："爸，我要成为志愿者，您帮我去打听一下怎么申请，我自己会填表！"

彭玉钟在边上听得明明白白，一拍大腿道："好，爷爷支持你！"彭小川高兴得蹦起来和爷爷击了一下掌。

大伙儿都说，这是奶奶的榜样做得好。彭小川昂着头说："对，我要向奶奶学习！"

这一年，9岁的彭小川注册成为志愿者。在拿到志愿者证书的那天，彭小川在自己的日记本里工工整整地写下了一句话：我要向奶奶学习，做我可以做的事情，为这个世界作出一点点贡献！

06

2016 年
团队与发扬

（一）

大雪下了整整一夜。

一大早，贺玉凤打开房门，一眼看到远远近近一片银装素裹，天地间仿佛是另外一个世界。后来，雪停了，阳光淡淡地在树后探着头，细细碎碎的光线洒在雪地里，仿佛给这洁白的世界描边勾线，增光添彩。

今天是志愿者活动日。

自从两年前的那次八达岭长城捡垃圾后，大家的热情丝毫没有减退，之后又不定时地举行了几次集体活动。

贺玉凤和几个老伙伴还用捡来的可回收物品卖了钱，给大家添置了手套、夹子等物品。"就算是志愿者，无偿劳动也要防护起来嘛！"贺玉凤把劳保用品分给同伴的时候说。

有人问："贺大姐，我看您自己捡垃圾，好像从来不戴这些吧？"贺玉凤一愣，恍恍惚惚才想到，的确，自己捡拾垃圾快20年了，何曾考虑过自己的手会变粗糙，会有受伤的危险……

贺玉凤把一包劳保用品拎出来，想了想，又转过身去。这样的天气，大家应该不会来了吧！要么自己一个人去得了。

犹豫间，贺玉凤的手机响了。她心里一动，赶忙掏出手机一看，志愿队的群里，已经有人在发妫水河边的雪景了！

"真还有比我早的！"贺玉凤笑道，"队长都还没去，这么着急干吗？"她一边说着，脸上的笑容漾得像一朵绽放的花。

等到贺玉凤急匆匆地赶到河岸边，退休教师林老师对她说："贺大姐，你今天可没得第一了！"

贺玉凤也打趣道："我也不能天天争第一呀，也要有谦让的风度不是！"

众人哈哈地笑起来，原定今早过来的几个人陆陆续续地也全部到齐了。晨风吹落树梢上的雪花，纷纷扬扬，撒落在身上，晶莹剔透，闪闪烁烁。

一夜大雪，妫水河变得分外妖娆。

延庆多山，妫水河多在山谷间穿行，曲曲弯弯，回回绕绕。落雪之后，满山满谷瑞雪覆盖，玉树琼枝，恍如仙境，因此，"妫川积雪"就成为著名的延庆八景之一。

胜景就在眼前，一群人像孩子一样玩心即起，嘻嘻哈哈地抓起一把雪飞撒出去，或者探出身去试着尝一口雪的滋味。

卓林根大爷急得叫起来："喂，喂，我说你们老大不小了，怎么都跟孩子似的！听我的指挥，咱们哪，先做正事儿！"

"对，对！"一行人赶紧停下玩闹，严肃地排队站正，忽而你瞅我我瞅你地又笑起来。树上的积雪仿佛都被这欢声笑语震动了，扑簌簌地掉落，像跟着大家玩闹起来一样。

最终，大伙儿还是止住了笑，开始像往常那样捡拾起垃圾来。他们一边捡，一边叹惜，个个都说决不能让垃圾煞了此处的风景！

一个小时过去了，两个小时过去了，大家回过头去看看身后的路，皑皑白雪地里，印着一串串大大小小的脚印，它们像一群伙伴，互相鼓励，互相依靠，一同向前。

面对此情此景，素有"诗人"称号的李大伯不禁抒发感悟："我说啊，我们这些被称作老大爷、老大妈的人，因为捡垃圾、护环境的事情走到了一块儿，也真是有缘分。咱们这个队伍拉出来也挺久了，该有个好名头了！"

李大伯的一番话仿佛掀翻了一个麻雀窝，引得大家好一阵讨论。有的说早就应该这样了；有的说有了名字就有了名分，有了名分就可以更好地行动了；有的说这样才算是正规"部队"。接着，他们又七嘴八舌地讨论起叫什么名字来。有的说叫"妫水河志愿者队"，有的说叫"跟着凤姐一起走"，引得大家哄堂大笑——最早提出建议的李大伯说："就叫'夕阳传递'环保志愿服务队好了！我们这些"夕阳"虽然已近黄昏，但我们传递的热量，会到达明天、后天，一直一直到永远！"

在场的众人没有任何异议，贺玉凤说："咱有好消息就要和大家一起分享，把这队名发到群里，看看其他成员的意见！"

结果这一名字获得了大家的一致好评，群里也开始沸腾起来。有人说既然我们环保志愿服务队成型了，就要有队服！于是大家又是一番讨论，最后决定把蓝色确定为"夕阳传递"环保志愿服务队的主题色。

"我们的目标是，让延庆的水更清，天更蓝，人们的心情更加灿烂！"李大伯在群里的发言，再次让他成为当天的名人。大家都夸他"有文化就是不一样"，李大伯因此差点儿摔了一跤——光顾着看手机里的赞扬，却忘了脚下啦！

冰天雪地的妫水河畔，一群不再年轻的人们，用他们的热情与热心，做了一件说大不大、说小不小的事儿。他们笑得开怀，说得畅快，其乐融融，就连妫水河也禁不住想为他们唱一首赞美的歌了呢！

（二）

贺玉凤坐在自家的院子里，感受着春风一阵一阵拂上面颊，它们在告诉她：春天来了，春天来了！

贺玉凤有时候忽然想到自己已经58岁了，会猛地吃一惊，然后有点儿呆呆地想：我咋已经快60岁了呢？

是的，贺玉凤几乎没在意过自己的年龄，只有当她看到自己的两个孩子上高中了，上大学了，工作了，结婚了，生孩子了——这样的外界变化时，她才会意识到，啊，自己的年龄也在悄悄地增长呢！

不过有一件事儿，的的确确让贺玉凤感觉到自己开始变老了。

那还是六七年前吧，有一天，贺玉凤忽然觉得近旁的东西看不太清楚了，只要稍拿得远一些，便又可以看清楚。她试了好几次，觉得奇怪。还是杨冬梅一语道破"天机"："我的凤大姐，你呀，老花眼了！"

老花眼了！原来是这样啊！

彭霏得知后，赶紧给妈妈配了老花眼镜。贺玉凤笑呵呵地把眼镜戴上，彭小川说："奶奶，您这样看起来好像有学问了一样。"小孩子的一番话，惹得大家哈哈大笑。

贺玉凤没怎么读过书。几十年来，一直都在为了家庭、农场、妫水河操劳，可是现在，就在这个暖洋洋的春风吹过华北平原，吹送到妫水河畔，吹送到延庆区张山营镇小河屯村这个普通的农家院落的时候，她的心里忽然产生了一种强烈的感觉：我要学习！

"学什么？"彭玉钟对妻子提出这样的"宏愿"感到匪夷所思。夫妻俩共同生活了快40年，妻子的脑袋里常会冒出一些新鲜的想法来，彭玉钟并不意外，可是今天，她说要"学习"，彭玉钟就纳闷儿了。

"你这到底整的哪一出啊？"彭玉钟没好气地说，"你说你要捡垃圾，你也捡了。你说你要成立一个什么队伍，你们连名字也有了。你说你，快要60岁的人了，还这么忙忙碌碌不得空，我也没说你啥。你现在说要学习？难道还要上大学，整成个文化人不成？"

贺玉凤没理会老伴儿的一席话，她只是指了指家里的煤气灶和取暖器说："你看，从前我们都是用煤烧菜做饭，烧煤取暖，你说为什么现在变成用天然气和电了？"

"你可考不倒我！这是为了环保呗！"彭玉钟为贺玉凤小看他而生气。

"小气！"贺玉凤笑骂道，她可看出彭玉钟的心思了，"说正经的，你看政府做这些事情，就是为了让我们国家的水更清，山更绿，天更蓝。我们环保志愿服务队定时捡垃圾也是为了环保。可是我想，外面的世界那么大，是不是还有更多有利于环保的做法是我们可以学习的呢？"

彭玉钟张了张口想说话，又停下来，过了半晌，他拍了拍腿说："行，我和你一起学！"

就这样，一对年龄加起来已经快120岁的夫妻开始了他们的"学习"。

儿子、儿媳妇都知道了父母的计划，全力支持二老，还想方设法给他们找资料：只要他们看到和环保相关的内容，就记下来，或者通过网络发给父母，有时候就直接从微信上发个链接过来。老两口儿看得津津有味，不时还进行讨论。

这些资料也不定时地传到环保志愿服务队队员的手里和大家的交流群里，服务队俨然成了"学习队"！还真别说，这些志愿者们虽然年龄跨度大，职业五花八门，但为了一个共同的理念聚集在一起，竟然都兴致勃勃地学起环保知识来。

不仅如此，志愿者们出去活动，也是一切从简，环保出行。比如自己带水杯喝水，尽量少买矿泉水；比如带毛巾、手帕出去，洗脸擦手时可重复使用，不用纸巾；比如大家一起学编竹篮、做手袋，不仅自己用，还分送给周围的人，以减少塑料袋的使用，避免白色污染……

贺玉凤感到心里满满的，充实又踏实，成天都乐呵呵的，就连好久不见的亲戚朋友见了，都说她怎么不见老。贺玉凤笑着说："革命人永远年轻嘛！"

（三）

"夕阳传递"环保志愿服务队渐渐有了名气，也有越来越多的人自愿加入进来，他们经常在延庆各地进行志愿者活动，但贺玉凤从来没有放弃捡拾妫水河边的垃圾。

她常年保持同样的习惯，把捡来的垃圾分类处理，有用的、可回收的，清理干净存起来，到一定数量了就卖掉，把换来的钱攒起来，给环保志愿服务队买劳保用品；没用的，彭玉钟就帮她一起焚烧或填埋，绝不让它们再产生二次污染。

有一天，贺玉凤家里来了一位陌生的客人。他说他是延庆农场小学的校长，想邀请贺玉凤去学校给孩子们讲讲做环保的事儿。

"贺阿姨，您的事迹我听说了，特别感动。二十年如一日的坚持，本身就是一件了不起的事情，再加上您是做公益，是为了保护我们延庆的环境，您一定要去给孩子们讲讲！"

校长的热情与诚恳容不得贺玉凤推辞，况且和孩子们讲讲爱护环境的事儿，的确也让贺玉凤充满期待，于是，她满口答应下来了。

去农场小学的那天秋高气爽。贺玉凤到的时候，孩子们刚刚上学。贺玉凤在学校辅导员的陪同下，参观了整个校园。

学校占地面积不大，可是异常干净整洁。这儿的绿植也非常多，花草遍地。贺玉凤看得满心欢喜。

学校里的垃圾桶特别可爱，有熊猫形状的、小狗形状的，边上还贴着提示，比如"请把垃圾扔到我的肚子里哟，不然我会饿坏的"这样的句子，贺玉凤戴上老花眼镜仔仔细细地看了一遍，直夸这样的办法好。

"贺阿姨，您真有心！我们天天待在这儿，几乎都没注意过它们，您一来就看到了，说明您哪，有一颗童心！"辅导员老师说得特别真诚，贺玉凤都觉得不好意思起来了。

忽然，两个小同学风风火火地跑过来。一个胖乎乎的小男孩气喘吁吁地说："李老师，活动快开始了，请你们过去！"另一个秀气的小姑娘则对着贺玉凤说："环保奶奶！我知道您，我爷爷和奶奶都是'夕阳传递'环保志愿服务队的，我跟他们说，我也要加入你们的队伍！"

贺玉凤都有点儿应接不暇了。"好，好！欢迎加入！"贺玉凤一个劲儿地点头，在那一瞬间，她仿佛觉得自己变小了，变得和那些孩子一般大，从前那只急躁的小鸟又在心中跳了出来，不过这次，它是在不停地高声欢唱！

贺玉凤是在学校的小讲堂里给孩子们做的报告。

她从自己20年前第一次捡垃圾说起，说到周围的人对她的体谅和帮助，说到"夕阳传递"环保志愿服务队。孩子们不时地大笑，热烈地鼓掌。

贺玉凤并没有刻意去减少对受到的冷落、挖苦、嘲讽的讲述，就是在这样自然的讲述里，她回想到的都是那些开心、快乐、感动的瞬间，在这样的时刻，她似乎早已忘了那些不愉快，只记住了周围人给予她的关心、爱护、支持与帮助！

孩子们给贺玉凤系上了红领巾，他们称呼贺玉凤是"环保奶奶"。贺玉凤觉得，这是她收到的最好的礼物和最大的褒奖。就在不久以前，人们还叫她"垃圾奶奶"呢！

不久后，延庆电视台也来邀请贺玉凤参加拍摄一则公益广告。

和上一次的采访不同，这次贺玉凤是要呼吁大家一起重视环保，从自己身边的点滴小事做起。贺玉凤自在多了。

电视台的工作人员见过贺玉凤，都夸她这次表现好得出乎意料。贺玉凤也觉得奇怪，还是彭玉钟一语道破："你呀，只要不是讲你自己的好，你都成；只要是讲你的、夸你好的，你就像做错了事儿似的，恨不

得找个地缝钻进去！"

贺玉凤想了想：嘿，好像的确是这么回事儿。

通过延庆电视台公益广告的播出，以及"夕阳传递"环保志愿服务队队员的口口相传，越来越多的人申请加入到这个队伍里来。到2016年底，这个环保民间组织，已经拥有近千名成员。这些人里面，有年近古稀的退休教师，也有十来岁的在校学生，不管什么年龄，无论哪种职业，他们都有一个共同的信念、共同的目标，那就是让延庆的天更蓝，水更清，未来更美好！

01

2017 年
启迪与表率

（一）

2017年10月18日，习近平总书记在党的十九大报告中指出：建设生态文明是中华民族永续发展的千年大计，必须树立和践行绿水青山就是金山银山的理念，坚持节约资源和保护环境的基本国策。

"绿水青山就是金山银山！"这是贺玉凤在参加环保志愿者活动时听到的。环保志愿者服务队人员众多，个性迥异，有些队员虽然年纪大了，个性却特别活泼，有些还特别关心国家大事，随身带个小收音机听新闻，其他人也跟着长见识。

大家都听到了习近平总书记的这段话，原本喧闹的人群突然安静下来，大家侧耳聆听，仿佛电波里传来的信息和自己有着千丝万缕的关系。

"的的确确，这跟咱们有关哪！"卓林根特别激动，高声喊起来。

众人七嘴八舌，觉得习近平总书记讲出了大家心里想的那句话。退休的林老师说："我啊，去过许多地方，天南地北的，风光真是美。可是，我看来看去，还是咱延庆最美。这儿的山美、水美，人啊，更美！"

"哈哈哈！"大家齐齐地笑出声来。贺玉凤指着地上一个塑料瓶说："扔塑料瓶的人丢下的是垃圾，"一边捡了起来，"我们呢，捡起来的是美德！"

大家又是一阵喝彩，说这个"环保奶奶"可真是名不虚传。这时，平时不太喜欢说话的严阿姨忽然说道："环保是重要，可是有时候是不是做得太过了？"

她的话一说，无异于水滴掉进了热油锅里，大家都炸开了锅！

有人说："严阿姨，您是咱们环保志愿服务队的，怎么还会对做环保有怀疑？"有人说："严阿姨，您怎么了？是不是遇上不开心的事儿了？"

严阿姨连忙摆摆手说："没有，倒也不是不开心的事儿，只是我的一个邻居啊，过段时间儿子要结婚。你们也知道，咱们延庆区从8月份开始，禁止燃放烟花爆竹。我那老邻居就不开心了，他说儿子结婚是人生大事，放烟花爆竹，那是增加喜庆气氛，现在竟然给禁止了。再说了，结婚放烟花爆竹也是一项传统，怎么说禁止就禁止了？他在我们家和我老头子说,我就劝他,不放烟花爆竹也是为了环保嘛。这个老邻居却说,环保是重要,但也不要什么事儿都往那上面去靠啊!后来搞得大家不欢而散。"

贺玉凤知道区里的这项规定,她还挺拥护的。

为了环境保护,这几年来,政府出台了许多措施,比如改烧煤为烧天然气,改烧煤取暖为用电取暖。这些都是实实在在看得到的举措,而这些举措的方便和快捷,也是像她这样的普通老百姓切切实实可以感受到的,所以这次也不例外,贺玉凤完全拥护。

但是严阿姨的邻居说得似乎也有理,听了严阿姨的话,环保志愿服务队里的几个人也深有同感,"是啊,结婚不放爆竹是少了热闹哇!"

卓林根和"李诗人"则不以为然。"怎么了?结婚没放烟花爆竹就不作数了?过年不放烟花爆竹真赶不走年兽了?那不是还有对联,有福字,有锣鼓,还有那么多喜庆的玩意儿,怎么就跟烟花爆竹较上劲了呢?"

于是乎,大家放下手中的活计,辩论起来。

这样辩论的情形在环保志愿者队伍里经常发生,有队友称之为"头脑风暴",有队友开玩笑地说这是

"花样休息"。贺玉凤一边听着,手里的活计也不停歇。

忽然,林老师扭过头来问:"贺大姐,你会不会扭秧歌?"

"扭秧歌?"贺玉凤就如丈二和尚摸不着头脑,刚才不是在谈论烟花爆竹的事情吗?怎么一下子又说到扭秧歌了?

"我是这么想的,"林老师兴奋地说,"既然现在环保与热闹似乎有了冲突,那么我们能不能想个办法,让它俩不冲突,甚至可以相辅相成呢?"

毕竟是当过老师的人,林老师的想法独特又合理,贺玉凤说:"你这个想法不错。可是,这跟我会不会扭秧歌有什么关系?"

"当然有关系了!"林老师说,"我们哪,捡完垃圾去学扭秧歌,今后有什么喜庆活动,只要对方愿意,我们就去给他们扭秧歌,增加喜庆气氛。这个秧歌队的名字我都想好了,就叫'夕阳红秧歌队'!"

贺玉凤惊得嘴巴都张得老大,她想象不出自己老胳膊老腿的怎么扭秧歌,况且是当着很多人的面去扭,而且说不定还要穿上颜色鲜艳的衣服,说不定还要化妆——贺玉凤真的想躲起来了。她回过头去看队友们，却发现他们一个劲儿地朝着自己微笑、做手势，那意思再明显不过了，那就是：没问题的！

嘿，看来这些队友都已经商量妥当，就差把自己"拉下水"了。

（二）

"夕阳红秧歌队"的第一次亮相就是在严阿姨邻居儿子的婚礼上。为此，队友们整整排练了十几天，着实把大家累得够呛，可是秧歌队的效果却出奇地好。特别是听说这些阿姨都来自"夕阳传递"环保志愿服务队，新郎和新娘都感动极了，他们一把一把地往秧歌队成员手里塞喜糖，不停地表示感谢，还当即表示也要加入到环保志愿者队伍里来。

贺玉凤虽然扭得浑身是汗，心里却无比舒畅。她朝林老师看看，林老师朝她做了一个"OK"的手势。贺玉凤觉得，志愿者队伍里的每个人，仿佛都越活越年轻，越活越青春了！

此时，风言风语又四处而起：

"这么大年纪了还那么爱出风头！"

"拿了什么好处吧！"

"一天到晚在搞什么啊？"

"一阵儿来一阵儿去的，这志愿者就是赶场子吗？"

贺玉凤不是第一次听到这样的挖苦和不解，并不放在心上，可是其他队友却不干了。他们认为自己的好心被误解，还被说那么难听的话，都不想继续了。

贺玉凤和林老师一商量，觉得不能这样下去。于是，两人想了一个办法。

11月初的一个傍晚，贺玉凤和大家约好了在妫川广场见面。

"去那儿捡垃圾吗？"大家都问。不过他们也很快就理解了，是啊，广场这种公共场所也是最容易产生垃圾的地方，环保志愿服务队的确应该去。

到了那儿，趁着天还没黑，环保志愿者们麻利地工作起来。

经过长时间的磨合与锻炼，队友们已经有了经验，比如公共座椅下、广场边沿、台阶周围特别容易产生垃圾，因为人们会在那儿休息，势必产生一些垃圾。还有垃圾桶旁，也需要多去瞧瞧，因为有些人图省事儿，喜欢"远投"垃圾，没投中也不去捡起来，所以垃圾桶旁也常会堆积垃圾。

这群穿着蓝色马甲的环保志愿者得到了大家的一致赞扬，有些大人带着孩子在广场上散步，也停下来加入了环保志愿者队伍，两个小时的活动完成得非常圆满。

大家在广场边上集合，总结完活动成果后，林老师忽然像变戏法似的掏出一个音箱来。卓林根和"李诗人"则像人形立柱一样拉开一条横幅，上面写着：夕阳红秧歌队，为环保而舞！

到了此时，大家才知道，原来队里面还藏了这么一出呢！

既来之，则安之。这群志同道合的老朋友们便不再推让，音乐响起后就拉开阵势，热热闹闹地扭起来。

站在一边的小朋友们也来凑热闹，跟着大人们学样儿；从前扭过秧歌的老人，禁不住音乐的"轰炸"，不由自主地也扭动起来；年轻人则对横幅上的字很感兴趣，老卓和老李就热情地向大家介绍。

一场下来，几乎每个路过的人都已经知道了这个秧歌队是可以"免费"出演的，报酬就是让他们在现场把垃圾清理干净。如果到场的人可以一起帮忙，那当然最好；如果因此有人志愿加入环保志愿服务队，那更是好上加好了！

表演现场就有年轻人预订"夕阳红秧歌队"接下来的秧歌表演，甚至还有企业负责人发出邀请，去参加他们的年会。这些人都说，想把他们的婚礼或者年会办得更加环保，更加时尚，更加贴近潮流！

"你听听，你听听！"林老师激动地对贺玉凤说，"咱们的秧歌队看来要火了，到时候咱们起个艺名，来个老姐妹组合！"

"林老师，你的脑瓜子真灵！"贺玉凤佩服得五体投地，可林老师却说："这不是我的脑瓜子灵，而是我们在做一件有意义的事情，所以大家才会理解，才会认同，才会接受！"

贺玉凤想了想，没错，就是这个理儿！

（三）

"北京榜样"是由中共北京市委宣传部、首都精

神文明建设委员会办公室主办的大型先进典型人物评选活动，旨在挖掘基层模范人物，树立基层服务人员榜样。自2011年启动，先后评选出了"胡琴明星""扫桥爷爷"等多位"北京榜样"。他们都是我们身边的普通人，却用自己的行动，书写了属于他们的不普通。

贺玉凤知道"北京榜样"，她曾坐在电视机前，被荧幕里的人感动得落泪。她一边看一边想起了从前听过的一首歌——《小草》。歌中的小草没有花那么香，没有树那么高，默默无闻，没人知晓，但是小草却有自己的倔强、自己的追求，风吹不垮它，雨淋不倒它，贺玉凤觉得，这些"北京榜样"就像小草那样，令人感动，令人敬佩。

不过，贺玉凤无论如何也想不到，有一天，她也会成为"北京榜样"中的一员，成为被时代所称颂的楷模！

当区委宣传部工作人员打电话给贺玉凤，说他们推选贺玉凤参评"北京榜样"的时候，贺玉凤一时还缓不过劲儿来。"啥？北京榜样？"

直到工作人员解释了一番后，贺玉凤才明白，这个"榜样"就是自己在电视里看到的"榜样"！

"不行，不行，我可不够格！"即使是在电话里，对方根本看不到，贺玉凤还是急得满脸通红，空着的那只手一个劲儿地摆着，仿佛那样就可以拒绝掉了。直到工作人员安慰她说，参选的人成百上千，能不能最终评选上还不知道呢，贺玉凤这才舒了口气。

她对谁都没提这件事儿，依然像从前那样去妫水河边捡垃圾，参加环保志愿服务队的活动，只有做这些事情时，她才觉得自己是最自在、最舒心的。

孩子们大了，自己老了，可是心里有所依托，老伴儿相携，朋友相伴，贺玉凤觉得自己已经足够幸运了。

现在，贺玉凤和她的队友们，不仅在妫水河边捡拾垃圾，他们还定期去海坨山——这座延庆的名山捡垃圾。贺玉凤越来越深刻地体会到"绿水青山就是金山银山"的真谛，的的确确，山青翠，水秀美，人亲切，那便是福气，便是发展经济的法宝！

"再说了，这里没有垃圾了，我们住着，也会舒服和安心嘛！"有一次，大家在海坨山捡垃圾的时候，互相说起了各自的感想。

那天正下着蒙蒙细雨，忽而雨又转大了，游人少了起来，雨丝划过山岗青翠的轮廓，落在层层叶片间。忽而雨大了些，雨水像珍珠，像玉粒，像天上落下来的小精灵，欢乐地蹦跳。

"我们太幸运了，赶上'海坨飞雨'了！"有人直起身子，惊喜地叫道。

林老师说："'海坨飞雨''妫川积雪'，延庆八景中的两景！海坨山、妫水河，也是我们环保志愿者活动最多的地方，想到我们可以为这两大胜景服务，我真是感到自豪！"

周围的人纷纷赞同，他们甚至觉得，在雨中劳作也是美好的享受！

这时，贺玉凤的手机提示有新信息，她打开看了一眼，觉着自己大概看错了，盯着屏幕端详了好一阵儿。林老师从旁边凑上来，刚想问，一眼瞥见了上面的内容，立刻像得了第一名的孩子般叫起来："北京榜样，北京榜样！咱们的队长，被评为'北京榜样'了！"

山风荡漾，山雨飞扬，清清朗朗的海坨山里，细细蒙蒙的烟雨之中，林老师的声音传播得很远很远……

08

2018 年
荣誉与责任

（一）

2018年1月3日，晴。

贺玉凤今天有一件重要的事情要做，按理说她该准备准备，等会儿就出门。可是身体里就像有一个闹钟似的，7点不到，她已经觉得浑身不自在了，拿起这个，放下那个，不知所措。

彭玉钟看了她一眼，假装没好气地说："去吧，去吧！你呀，一天没去河边上转一圈就难受！"

被说中了心事，贺玉凤不好意思地笑了起来。的确，这二十几年的时光里，习惯已经融进了血液里，刻进了骨子里。

贺玉凤套上蓝色的环保志愿者外套，戴上帽子，推着自行车出了门。她把塑料袋挂在车把手上，里面放了夹子，长长的抄网绑在后座与把手之间。做这些，她早已经熟门熟路。

车铃叮当。杨冬梅从自家院子里探出头来，扬着声音喊："阿凤，你今天不是要去北京电视台吗？"

"还早，我先去河边遛一圈！"

贺玉凤和杨冬梅挥了挥手，杨冬梅又回到屋里去了。的的确确，这么多年了，杨冬梅佩服贺玉凤的执着，却还是不能明白她这样坚持是为了啥。

这天晴空万里，阳光灿烂，贺玉凤停下自行车，站在河岸边。蔚蓝的天空吸引着她驻足。这无边无际的蓝色天空，那么纯粹，那么悠远！贺玉凤几乎没有出过远门，她也没有看到过大海，但在她的心目中，延庆天空此时的蓝，就是一片纯净的大海的蓝。

贺玉凤用手机拍了几张照片发到朋友圈，便有条不紊地捡起垃圾来了。易拉罐、矿泉水瓶、塑料袋——即使每天都在捡，依然会有新的垃圾冒出来。

有时候贺玉凤也会生气，那些扔垃圾的人是怎么想的，他们怎么舍得在水清如镜的妫水河边丢下这些垃圾呢？可是又一想，这样的人毕竟是少数，就看看"夕阳传递"环保志愿服务队的成员已经增加到了4 000多人，说明人们的意识在不断地改变。人人讲环保，这需要时间，需要耐心地等待！

虽然有阳光，但毕竟是冬天的早晨，贺玉凤的手因为一直露在外面，都冻得发红、发麻了，身上却热乎乎的，背上甚至冒出一层细细的汗珠。

贺玉凤收拾好物品准备回去，顺手打开朋友圈一看，一大群点赞和评论的！说得最多的，就是对这无比美好的"延庆蓝"的赞扬！

贺玉凤高兴极了，比夸奖她自己还要高兴。她抬头又看了看蓝天，心里想：这样美丽的延庆蓝，其中也有我的一点点功劳吧！想到这儿，她不禁在评论下面回复了一句：我们一起努力，让延庆蓝保持下去！

一看时间，都快9点了，贺玉凤赶紧骑车往家赶。

（二）

彭玉钟、彭小川陪着贺玉凤来到了北京电视台。

虽说住在北京郊区，到北京城里也就不到一小时的车程，贺玉凤却是第一次到市中心，更是第一次到北京电视台。

彭小川拉着贺玉凤的手，调皮地说："奶奶，您是不是激动得快要晕倒了？"

别说，贺玉凤还真有点儿紧张，这次来参加

"2017北京榜样"颁奖典礼，按照程序，贺玉凤会是第一个上台的人！贺玉凤和环保志愿者们一起扭秧歌，去学校给小朋友们做宣讲，都没怯场过，可是这一次，她的心哪，"咚咚咚"跳个不停。

彭玉钟说："别怕，有我和小川呢，怕什么？如果主持人问，你就把平常做的事情讲出来就好了。"

贺玉凤点点头。话虽如此，她都不知道该把手往哪儿放了，再说，她今天穿了新衣服——一件粉红色的上衣，这让她更觉得有点儿拘束。

新衣服是儿媳妇特意为她买的。记得接到通知那天，全家都喜悦不已，儿媳妇就说："妈，您那天去，总要穿得体面一点儿。"

"我觉着我们平常环保志愿者活动时穿的蓝外套就挺好，我穿着它，还可以给我们环保志愿服务队做做广告。"贺玉凤说。她说这话可不是开玩笑，她真的是这样想。

就为这事儿，一家人还激烈讨论了一番。最后，儿媳妇拍板道："这次听我的，我给您参谋。"

可是在家中衣柜里挑了一圈，也没找出一件像样的衣服来。"我这天天干活，也不用穿什么好料子，耐磨、耐脏就成。"贺玉凤的想法非常朴实。

最后还是儿媳妇拉着她，去商场里买外套。一圈下来，儿媳妇看中一件西装领的粉红色衣服，干净又恬静的颜色，衬上贺玉凤的短发和微笑，无比合适！贺玉凤觉得太嫩了，儿媳妇二话不说就给买下了。"妈，这次听我的，这件衣服，真的特别适合您！"

现在，贺玉凤坐在北京电视台的演播大厅里，看着周围热烈又庄重的布置，手心里都快出汗了。她想，不穿新衣服，是不是反而会自在一点儿？

音乐响起，颁奖典礼开始了。随着主持人的串讲，贺玉凤作为"2017北京榜样"第一位出场人的VCR在大屏幕上播放出来：捡起游人随手丢弃的塑料瓶、探着身子捞起河里面的漂浮垃圾、站在满地的塑料瓶堆里——看着屏幕上的那个人，贺玉凤有一点儿恍惚，仿佛那不是自己，而是另一个她既熟悉又陌生的人。

22年，那么漫长的时间，她坚持下来了。

是吗？

是的！

等到主持人宣布贺玉凤上场时，她便精神抖擞地走上台去。主持人问："贺大姐，您为什么会坚持那么久去捡垃圾？"贺玉凤说："我是在妫水河边长大的。小时候，妫水河那么清，那么亮，河里的小鱼小虾，站在河边上都看得清。可是后来，水变浑了，水声不响亮了，我的心哪，像丢了什么一样难受。捡起了垃圾，我的心里也敞亮了。"

主持人又问："您的家人支持您吗？"

贺玉凤摇摇头。她惊奇地发现，自己刚才一点儿也没紧张，或许正如老伴儿所说，"你讲的是自己做过的事儿，有啥好紧张的"，所以提到这个问题的时候，贺玉凤也照实说："起初他们都反对，嫌我做这事儿脏，丢人。我老伴儿啊，一看我回来要做饭，就嫌弃地让我赶紧去把手洗干净了，不然我做的饭他不吃！"

贺玉凤像在说一件好玩儿的事情，可是底下的观众没有一个人发出笑声。

主持人邀请彭玉钟和彭小川也到台上。彭玉钟手里拿着一个崭新的抄网："以前，我特别不理解她，特别是当周围的人说她是'疯婆子''捡破烂儿的'，我更是气不打一处来。我们家条件不好，有这些时间和精力，不如出去找活儿贴补家用，可她倒好，天天三番五次往河边跑，有一次还掉进了河里。后来我终于明白了她的用心——所以，我今天要在这儿说一声：对不起，老伴儿！这个，这个是我新做的，给你！"

彭玉钟说完，就把手里的抄网递过去，贺玉凤满含着泪水接过来。她没有说话，只是点点头，她生怕自己一开口便会哽咽。刚才空空亮亮的内心此时充盈着满满的感恩，还有什么比家人的支持更暖心的呢！

"2017北京榜样"年榜人物有上千名候选人，最终评出12名"北京榜样"年榜人物，51人获得"北京榜样"提名奖。贺玉凤坐在台下，专心地聆听着其他"北京榜样"的事迹，她深深地意识到，自己做的事情真是微不足道，可她又强烈地感受到，即使最普通的人做的最普通的事儿，也会对这个社会产生作用和影响。"如果人人都献出一点爱，世界将变成美好的人间"，真好，自己也是其中的一员！

贺玉凤挺直了胸膛。

令贺玉凤想不到的是，为自己颁奖的竟然是著名的央视主持人"鞠萍姐姐"！第一次见到鞠萍姐姐，贺玉凤激动得像个孩子，她和鞠萍姐姐握手，接过鞠萍姐姐递过来的花束和奖杯，她想告诉鞠萍姐姐，家里人都喜欢她，不仅是小朋友，连她这个"大朋友"都喜欢她。可是她却说不出来，只是一个劲儿地笑啊笑啊。也许幸福的事情就会让人变得有点儿傻气吧！

贺玉凤这时候才觉得，穿粉红色的衣服挺好的，年轻、喜庆，又有一丝丝梦幻……

（三）

好不容易来一趟市中心，彭玉钟说："咱们四处逛逛吧！"小孙子跳得高高的，连声说好，贺玉凤也笑眯眯地答应了。

北京城可真大，大街上人来人往，车辆川流不息，却又那么秩序井然。高楼大厦、胡同小巷，贺玉凤走着，笑着，感到了少有的自在与闲适。

贺玉凤特别喜欢看橱窗里的小泥人儿——骑自行车的小人儿，车后挂着一个煤气瓶；骑着三轮车、摇着大蒲扇的人力车夫……贺玉凤笑着说那就是从前看惯的情形，彭小川摸着脑袋表示不理解。

彭玉钟说："时代在进步，我们都老了！"

贺玉凤却说："就算老了，我们也要为社会尽一份力！"

"没错！爷爷奶奶，你们要人老心不老！"彭小川小大人似的一句话，惹得两位老人哈哈大笑。

贺玉凤曾听儿子说过，卢沟桥下便是永定河，妫水河是永定河的一个支流。"原来还有这样的渊源！"贺玉凤打定主意，这次一定要到卢沟桥看看。

卢沟桥始建于金大定二十九年（1189年），距今已有800多年的历史，这座雄伟的大桥见证了世事的变迁，也留下了历史的印记。不过，那些都已成过去。如今的卢沟桥，桥面宽阔，桥身精美，桥上的石狮子更是栩栩如生。站在桥上可以看到永定河水浩浩荡荡奔向远方。

想到永定河中也有妫水河的水流，贺玉凤感到肩上的担子更重了。

妫水河位于永定河上游，如果那里的水流不干净，到了这儿不是也会受影响？到了更远的地方呢？贺玉凤不知道究竟会如何，但在她朴素的思想里就认定，自己要做的事儿还有很多，要坚持做的事儿，更是得日日夜夜地坚持下去！

（四）

好事情似乎一件接着一件在发生。

就像家人打趣的那样，贺玉凤对于"垃圾""环保"这方面的事情已经"走火入魔"了，包括这方面的新闻，只要有这几个字眼的，她就特别敏感。

贺玉凤清清楚楚地记得，那是初夏的一天早晨，她从河边捡垃圾回来，戴上老花眼镜翻看手机新闻，一则关于垃圾分类的报道引起了她的注意。报道里说，从2019年开始，全国地级及以上城市将全面启动生活垃圾分类工作！

贺玉凤立刻想到2003年她碰到的那位老教授，老教授当时就说国外的垃圾分类已经实行了很多年，有很丰富的经验，而我们国家虽然有这种想法，却还没有真正实施起来——老教授的话语仿佛还在耳际，贺玉凤想：现在，我们国家也要正式开展垃圾分类，这必定是一项利国利民的优良举措啊！

贺玉凤把这则新闻转发到环保志愿者群里，立刻引起了群友们的热烈响应。大家纷纷表示，平常生活中就已经在做力所能及的垃圾分类了，还有的队友说："咱们捡垃圾的时候，没用的放一个袋子，有用的放另一个，这算不算分类？"贺玉凤看得笑容满面。她回想起早年自己就喜欢拿两个袋子装垃圾，那时候还没有任何垃圾分类的概念，可却在不知不觉中已做了起来，也许自己跟"捡垃圾"真的有不解之缘哪！

这样一则新闻，又一次给贺玉凤注入了全新的活力与信心。

09

2019 年
担子与未来

（一）

贺玉凤几乎又是一夜未眠，等到终于迷迷糊糊睡过去的时候，又一激灵醒了过来。

她拿起床头柜上的手机看了一眼，屏幕上"4：00"的数字明晃晃地亮眼。老伴儿彭玉钟在边上翻了个身，闭着眼睛说："还早啊，起来干什么？"

"睡不着了，我出去了。"贺玉凤说着，轻手轻脚地起床穿衣洗漱，等到她要出门的时候，老伴儿也披衣起来了。

"大清早的，冷，把厚外套带上！"他递给贺玉凤一件棉马甲。

贺玉凤摆摆手表示不要。此时她手上已经拎起了塑料袋和长夹子，口袋里还塞了一个小手电筒。

"穿厚点儿。"彭玉钟语气平淡，举在手里的棉马甲却是一点儿没有要收回的意思。

贺玉凤只得接过来，一边嘴里嘟哝着"多事"，一边把手里的东西放在地上，穿上了棉马甲。

"我走了。"她朝老伴儿挥挥手，踏进依旧黑茫茫的黎明里。

此时街灯明亮，路上几乎没有行人。

春寒料峭，贺玉凤把棉马甲的拉链拉上。别看这么一件小小的衣裳，挡风还真不错，亏得老伴儿想得周到。贺玉凤觉得身上暖暖的，可是一想到这几天一直挂在心上的那件事儿，不由得又烦恼起来。

想到这儿，贺玉凤下意识地停下脚步，抬头看向路灯下的彩色张贴画。那是即将举办的2019世界园艺博览会的宣传画。

贺玉凤是从新闻里得知这个消息的。她清晰地记得自己当时的心情，就像自己家要办一件大喜事一样，满怀欣喜却又惴惴不安。她的脑海里浮现的是延庆农场长期以来的垃圾问题。

因为农场独立的属性，垃圾处理这个问题长期存在。虽然经过居民自身努力及环保志愿者活动，这一问题已经有了极大改善，但在贺玉凤的心里，依然是个挥之不去、厘之不清的大心病。现在，仍有人在公厕旁偷偷焚烧自家垃圾，小树林里仍然充斥着白色污染物，河岸边还是会有垃圾污染水源……

举国盛事，来的都是海内外的友人，要是看到到处是垃圾，这能行吗？贺玉凤急得晚上睡不着，嘴角都起疱了。

老伴儿心疼她，劝她多和别人商量商量，她便想起了环保志愿者队伍里的卓林根。今天一大早，她就想着去找老卓想想办法。

果然，老卓就在他家不远处的街上扫垃圾。和贺玉凤一样，卓林根就把家门前的那条街当成了自己的"责任包干儿区"，天天打扫，雷打不动。

贺玉凤急匆匆地小跑过去，把心里的担忧说了一遍。

卓林根停下手里的活儿说："我看哪，这种事儿还是得上报，请区里的领导们帮我们想想办法。光靠我们这些民间力量，那是杯水车薪。"

卓林根文化程度高，也挺有想法。贺玉凤有点儿犯难："咋报上去呢？"

"我们去找领导，请他们给我们想办法，出对策！"

"这样能行吗？"贺玉凤从来没跟领导打过交道。

"行，咋不行？不试一下，怎么知道呢？"卓林根大扫帚一挥，颇有下定决心的意思。

于是两个老伙伴决定，当天就去区里反映问题。

区里接待他们的同志非常认真地听取了他们的想法，并且立即表示，会去实地调查并想出办法来解决。"谢谢你们来反映问题，这同时说明是我们工作做得不到位，希望你们以后有类似的问题也一定及时向我们反映！"对方诚恳地说道。

贺玉凤没想到事情会那么快就得到答复。回来的路上，她开玩笑地说："早知道这样，就应该早点儿去，我都好几天没睡着了。"

卓林根有点儿得意地说："怎么样？我说的对吧？现在环保是大趋势，早晚有一天，一切都会变好的。"

贺玉凤的心这才放了下来。

（二）

2019 年 4 月 29 日，举世瞩目的世界园艺博览会在延庆正式拉开帷幕，迎接宾客。

这一天，蓝天白云，晴空万里；这一天，海坨山中林涛阵阵，妫水河上白鹭翩翩；这一天，延庆到处彩旗飘飘，花团锦簇；这一天，贺玉凤受邀作为"延庆乡亲"志愿者代表，与其他6位嘉宾一起，在开园仪式上按了手印。贺玉凤感觉自己像做梦一样，能代表延庆30多万乡里乡亲见证这一重要时刻，自己一定是被幸运之神眷顾了。

为了这一天，贺玉凤和她的环保志愿服务队队员们已经准备了大半年。除了捡拾垃圾外，环保志愿者们还提出要清洗、清扫公交车站等公共设施。

那还是3月初，华北平原的早春，气温依旧很低。环保志愿者们抬来清水，用抹布一下一下地擦洗。大家还一起互相检查，看有没有遗漏之处。因为这些环保志愿者普遍年龄较大，一些等车的乘客过意不去，还会顺便搭把手。环保志愿者们不乐意了，在他们看来，自己还年轻呢，完全不用别人帮忙！

后来贺玉凤和大家商量，卫生整洁的维持不能只靠一朝一夕，还要靠持之以恒，于是大家决定从环保志愿者中分出几个小组，轮流检查，轮流维护。

世园会的志愿者工作除了捡拾垃圾，还有指路、陪同、介绍等，所以园区也给大家进行了相应的培训，包括礼貌用语的规范使用、指路手势的统一训练等。

一板一眼，一招一式，几场培训下来，几个环保志愿者连声说自己的老骨头都要散架了。话虽如此，一到培训时间，他们立刻又认真起来，那架势，绝不比年轻人差半分。

最困难也最有意思的是学英语。

这次盛会，除东道主中国外，有110个国家和国际组织参展，前来参观游览的国内外客人更是不计其数，所以学会基本的日常英语会话，是对志愿者的基本要求。

"夕阳传递"环保志愿服务队里的大部分成员年龄偏大，几乎从来没有接触过英语，更别说讲英语了。第一天学习，大家都被彼此的怪腔怪调逗得哈哈大笑。笑完之后，大家又感到了紧迫，于是你催我，我盯你，一遍、两遍、三遍、五遍、十遍、百遍地练，到了最后，连他们自己都觉得有意思起来，有几个人甚至表示，就算世园会志愿者活动结束了，也要继续学英语，"接下来还有冬奥会，还有其他各种各样的活动，学会用英语交流，那很重要呢！"他们都这样说。

　　有一次，大家在园区外做活动，有一个外国人背着包，拿着园区示意图在兜圈子，看起来是迷路了。卓林根推了推"李诗人"："瞧，那人不认路了，你上去说几句，正好检验一下你的英语水平。""李诗人"正愁没用武之地呢，当下清清嗓子，上前就是一句标准的英式发音："Can I help you?"谁知那外国人用熟练的中文说："请问——"

　　等到"李诗人"回来，大家都笑他，说被人家当了"中文陪练"。"李诗人"不慌不忙地回答："这说明现在世界上流行学中文，说明咱们的国家呀，越来越强大了！"大家在哄笑之余，感到了强烈的自豪。

　　还有一天晚上，已连续值勤十几个小时的贺玉凤刚睡下，忽然手机响了。贺玉凤接听后才知道，原来是几个来世园会的游客，因为天黑，路又不熟，迷路了。几个年轻人转来转去实在转不出去了，无奈之下便按着园区里的"求助提示"拨通了贺玉凤的电话。

　　"您只要告诉我们怎么走就可以了。"对方听到是一位年长者的声音，觉得不好意思打扰。

　　连续几天的志愿活动下来，贺玉凤已经特别疲惫，可是想到游客此时必定极其焦虑，她立刻起床，和老伴儿彭玉钟商量办法。

贺玉凤家离园区还有十几公里的路，家里只有自行车，这大半夜的，即使找到游客，怎么把他们带出来呢？找了几个熟人也找不到一辆车，贺玉凤翻遍了手机通讯录，最后终于找到一家租车公司，租了一辆车前往园区。

天晚了，有些路段又禁行，加上游客也说不太清楚自己所在的位置，折腾了大半天，贺玉凤和彭玉钟才在园区某处找到了这几名游客。因为疲惫加焦急，贺玉凤晕车了，恶心、浑身无力，但她还是坚持把几个游客送到了停车场，看着他们找到自己的车后才安心离开。

一上车，她就觉得再也支撑不住了，昏昏沉沉地回到家，直到第二天早上起来，还觉得两只脚轻飘飘的……

贺玉凤和她的环保志愿服务队定期在世园会做志愿者，他们清扫垃圾、帮忙指路、送上免费的茶水……大家都说，自己是在"大观园"里工作。即便如此，因为志愿者的工作属性，贺玉凤和队友们一次也没有仔仔细细地观赏过那些珍花奇卉，一次也没有停下脚步特意闻一闻那馥郁的芬芳。

这样的话说出去，很多人都不信，就像邻居杨冬梅，她说贺玉凤这是在开玩笑。贺玉凤笑笑，也不解释。按照贺玉凤的想法，自家办喜事，哪有主人自顾自坐下来的，最要紧的当然是招待好客人，让客人满意。至于自己，贺玉凤想好了，等到世园会圆满结束那天，她一定要花半天时间，好好地逛一逛"大观园"，好好地品一品在家门口举办的国际盛会。

因为心里的欢喜，贺玉凤发了一条又一条关于世园会的朋友圈。她在朋友圈里写道："在帮助别人的时候，我自己也高兴。作为世园会举办地的市民，我感到特别自豪。我们要用实际行动做好咱们延庆的东道主。我对自己所坚持的信念，感到光荣！"

（三）

2019年6月14日，"时代楷模"北京榜样优秀群体先进事迹报告会在人民大会堂举行，贺玉凤和其他6

名代表应邀参会。作为一个土生土长的延庆人，她用自己朴实的声音，讲述践行"绿水青山就是金山银山"的"延庆表达"。

为了这一天，贺玉凤从2018年底就开始市区、家里两头跑。因为要参加培训，还要在市区各个社区、学校宣讲，贺玉凤待在外面的时间远远多于待在家里。虽然人在外面，心里却着实牵挂着家里，牵挂着妫水河。"夕阳传递"环保志愿服务队的队员们都要她别担心，有他们在，"队长"只管安安心心地准备，到时候在人民大会堂一定要交出一份满意的答卷。贺玉凤也紧张地准备着，可是毕竟已经年过六旬，那样的操劳，令她感到疲惫。

报告会开始前的一个星期，大家正在进行封闭式准备。

那天中午，轮到贺玉凤到一个单位宣讲，她感到自己已经准备得很充分了，可是刚上台没多久，还是觉得浑身没力气，站也站不稳，只能勉强用双手撑住台面，以免让自己摔倒。大概过了一两分钟，眩晕和无力的感觉才慢慢过去。直到下来后她才发现，自己出了一身冷汗。

回来后，她在药店买了一小包含片，不时地含一片，以保证自己用最佳状态去完成工作。"这样的事情可不能麻烦别人，也不能拖大家的后腿。"贺玉凤暗暗告诫自己，"如果可以用我的这一点点微不足道的影响力去带动更多的人投入到环保事业中来，这点儿辛苦算什么？"

6月14日上午10点整，报告会正式开始。贺玉凤作为第一位代表上台演讲。面对着台下的人群，就算有充分的准备和多次上台演讲的经历，贺玉凤的心里还是非常紧张。

"大家好，我叫贺玉凤，来自延庆区延庆农场……"她的开场白朴实无华，就像她的为人那样，然而正是这样自然不做作的讲话，赢得了全场雷鸣般的掌声。

贺玉凤紧张的心情逐渐放松下来，激动的情绪却飞快地蔓延，她想，她永远也忘不了这庄严肃穆的一刻，也清醒地意识到自己身上肩负的责任与重担。

"延庆是全国生态文明建设示范区，我们一定要像保护眼睛一样保护生态环境，像对待生命一样对待生态环境。好的环境，对我们这一代人，甚至对子孙后代来说都是一笔巨大的财富。我今天所做的是我们应该尽到的责任，我希望所有人都能参与进来，把我们的生态环境保护得更好。"说这些的时候，贺玉凤仿佛又回到了世园会开幕那天，习近平总书记"雄伟的长城脚下、美丽的妫水河畔"的话语依稀就在耳畔，贺玉凤不由得热泪盈眶，无比自豪。习近平总书记形容的"美丽"之中，也有自己一份微薄的汗水与付出啊！

从人民大会堂出来已经是下午1点，贺玉凤简单吃过饭后就坐上回延庆的车。下了车，她先去妫水河边看了一眼，才安安心心地回家。

一到家，连日来积攒的疲惫便一阵阵袭来，她连口水都顾不上喝，就靠在床边睡着了。她已经很久没有这么畅快地睡上一觉了。

迷迷糊糊中，贺玉凤好像听到闹钟响了。她拿起手机一看，啊，时间一晃已经到了2022年2月4日！

哎呀，冬奥会就在今天开幕啊！贺玉凤急得团团转，生怕自己要迟到了。"夕阳传递"环保志愿服务队的成员们不知道什么时候已经来到了她家的院子里，大家穿着整齐的队服，高声喊着："出发了，出发了！"

贺玉凤急匆匆地出门，大家正坐在雪橇上整装待发。瞧那几头拉雪橇的小鹿，多可爱呀！贺玉凤惊讶地问："你们从哪儿找来的这些动物？"

队友们朝她招手："海坨山哪！是海坨山的山神借给我们的。家门口举办盛会，当然要用最好的交通工具，说不定等会儿还能接上几位游客呢！"

贺玉凤一想也对，赶紧上了雪橇。小鹿迈开矫健的步伐，一跃而起，朝着白茫茫的远处飞奔而去。

穿过白茫茫的雪地，贺玉凤看到不远处一座晶莹宏伟的场馆，人声鼎沸，热闹非凡。那就是冬奥会的比赛场馆啊！贺玉凤看了看手里拿的夹子和塑料袋，心里觉得安稳极了。"没问题，冬奥会的志愿者工作，我们一定百分百完成！"

随着离比赛场馆越来越近，贺玉凤的信心也在一点一点地增加。

"冬奥会，我来了！我已经做好了准备！"

后记

我们在商量一件大事。

"既然我们那么熟悉'环保奶奶'的事迹，为什么不把它们写下来、写成书呢？"妫水河里的浪花们交谈着。

"赞成！赞成！等你们写完了，我可以负责把书页送到每一个地方，让大家都知道这样一位'环保奶奶'！"风儿迈着轻盈的步伐，在水面上来来回回地飞旋、舞动，说着它的计划。

云朵儿也不甘落后。它们碰来撞去，手拉着手，叠成厚厚的一团，真像一本大书！

"那样是最好的。妫水河的故事啊，应该让更多的人知道！"河岸边的大柳树不停地点头，长长的发丝摇来摆去，显得很满意。

早先是我第一个把贺奶奶的事情讲给他们听的，后来大伙儿又全体动员，把贺奶奶的故事一点一滴地补充起来，所以现在大家都说："小小，小小，你最清楚贺奶奶的故事，你来写，我们来补充！"

我点点头，却又有点儿犯难："好是好，可是据我所知，贺奶奶的故事还远远没有结束。世园会之后还有冬奥会，接下来还有许许多多志愿者的工作，贺奶奶是绝不会让自己闲下来的。所以……"

"小小，小小，你别担心，贺奶奶的故事不会结束，我们的工作也不会停止！"浪花兄弟们、云朵朋友们，还有风大哥，拼命鼓励我。

对啊，为什么我没想到这一点呢？贺奶奶做的好事一直一直在延续，就像妫水河一直一直在前行。我无法把它们全部记录下来，可是就算我只是截取了其中的一段，也是贺奶奶的事迹。小浪花微不足道，但它的晶莹闪亮，也是美丽妫水河的一名代表呀！

这样我便有了信心，也有了勇气。深吸一口气，我接过大柳树递过来的柳条笔，一笔一画地写起来……

如果有一天，一朵云儿或一阵风儿把故事传到你手里，那么，你看完后，请把它告诉更多的人，让他们知道妫水河畔的"环保奶奶"的故事吧！